Langenscheidts Expresskurs Spanisch

Die leichte Einführung für Anfänger

von Encina Alonso

LANGENSCHEIDT
BERLIN · MÜNCHEN · WIEN · ZÜRICH · NEW YORK

Langenscheidts Expresskurs Spanisch

von Encina Alonso

Redaktion: Elke Sagenschneider
Grafik: Kathrin Hälbich
Zeichnungen: Falko Honnen

Ergänzende Hinweise, für die wir jederzeit
dankbar sind, bitten wir zu richten an:
Langenscheidt Verlag
Postfach 40 11 20
80711 München

Umwelthinweis: gedruckt auf chlorfrei
gebleichtem Papier

Auflage:	5.	4.	3.	2.
Jahr:	2002	2001	2000	99

Letzte Zahlen maßgeblich

Printed in Singapore
3-468-**27342**-8

Hinweise zum Lernen

Mit dem **Expresskurs Spanisch** werden Sie in kurzer Zeit Grundkenntnisse des Spanischen erwerben und sich in alltäglichen Situationen ausdrücken können. Da Sie die Sprache selbständig und ohne Lehrer erlernen werden, möchten wir Ihnen einige wichtige Hinweise zum Arbeiten mit diesem Selbstlernkurs geben: Verschaffen Sie sich eine angenehme Arbeitsatmosphäre und stimmen Sie sich auf das Spanische ein. Legen Sie z. B. eine spanische Musik auf und entspannen Sie sich so einige Minuten. Hören Sie sich dann den neuen ***Lektionstext*** auf der ***Begleitkassette 1*** an. Hören Sie ihn mehrmals und versuchen Sie, den Sinn zu erfassen, auch wenn Sie nicht jedes Wort verstehen. Und seien Sie nicht entmutigt, wenn es nicht sofort klappt. Nun schlagen Sie das Buch auf, hören den Text noch einmal und lesen im Buch mit. Vielleicht helfen Ihnen auch die Fotos und Zeichnungen, den Text besser zu verstehen.

Zum **Lernen der neuen Wörter** möchten wir Ihnen folgende Tipps geben: Prägen Sie sich nicht nur das einzelne Wort ein (manchmal kann man nämlich nicht Wort für Wort übersetzen), sondern den ganzen Satz, in dem es im Lektionstext vorkommt. Decken Sie dann im Abschnitt **Neue Wörter und Ausdrücke** die deutsche Spalte mit einem Blatt Papier oder einer Karteikarte ab, sprechen Sie für sich die deutsche Übersetzung und schieben Sie dann zum Überprüfen Ihrer Antwort das Blatt oder die Karte um eine Zeile nach unten. Danach verfahren Sie umgekehrt und decken die spanischen Spalte ab. Sprechen Sie die spanischen Wörter laut und schreiben Sie sie auch!

Hinweise zum Lernen

Hören Sie sich die richtige Aussprache der neuen Wörter auf der ***Kassette 2*** an. Die Kassette enthält nach Lektionen geordnet die wichtigsten Wörter und ist ein wertvolles Hilfsmittel beim Erlernen des Wortschatzes: Sie hören zunächst die deutsche Bedeutung. Sprechen Sie nun in die Pause das entsprechende spanische Wort. Anschließend hören Sie auf der Kassette die richtige spanische Entsprechung. Wiederholen Sie dann in der folgenden Nachsprechpause noch einmal das spanische Wort und achten Sie dabei auf Ihre Aussprache. Lassen Sie die Kassette auch spielen, wenn Sie sich nicht voll darauf konzentrieren können, z. B. beim Kochen oder bei der Hausarbeit. Denn es bleibt immer etwas „hängen", und Sie entwickeln ein Gefühl für den Klang der Sprache.
Nützlich ist auch eine **Vokabelkartei**. Schreiben Sie jedes spanische Wort auf die eine Seite einer kleinen Karteikarte und auf die Rückseite die deutsche Übersetzung. Wenn Sie die Wörter der neuen Lektion schon gut kennen, mischen Sie diese Karten mit denen der vorangegangenen Lektionen und wiederholen alle bereits bekannten Wörter. Tragen Sie diese Karteikarten immer bei sich. So können Sie z. B. Fahrzeiten in öffentlichen Verkehrsmitteln oder auch Wartezeiten an der Haltestelle, vor der Kasse im Supermarkt etc. sinnvoll nutzen. Übrigens: Die Wörter, die wir in dem Abschnitt **zu Erklärungen und Übungen** angeben, müssen Sie nicht unbedingt lernen; sie werden in den folgenden Lektionen nicht als bekannt vorausgesetzt. Wenn Sie sie trotzdem lernen möchten, können Sie Ihren Wortschatz noch erweitern. Die Verben, die wir mit hochgestellten Ziffern gekennzeichnet haben, weisen Unregelmäßigkeiten auf. Ihre Formen können Sie in den **Verbtabellen** im Anhang nachschlagen.

Haben Sie einmal die Bedeutung eines bereits eingeführten Wortes vergessen, so können Sie es leicht über das **Wortschatzregister** im Anhang wieder finden.

Der Abschnitt **Erklärungen** bietet Ihnen leicht verständliche Erläuterungen zum Grammatikstoff der Lektion, zum Sprachgebrauch und auch zu landeskundlichen Besonderheiten. Der folgende Abschnitt **Übungen** dient der Anwendung und Festigung des Gelernten. Die Übungen zur Aussprache und zum Hörverstehen, die mit dem Symbol 📼 gekennzeichnet sind, finden Sie auf der Kassette 1. Überprüfen Sie Ihre Lösungen anhand des **Schlüssels** im Anhang, in dem auch alle Hörtexte abgedruckt sind. Haben Sie in einer Übung viele Fehler gemacht, lassen Sie sich dadurch nicht entmutigen! Lesen Sie den entsprechenden Teil im Abschnitt Erklärungen noch einmal aufmerksam durch, und versuchen Sie es noch einmal. Manchmal ist es in solchen Situationen auch sinnvoll, das Buch zuzuklappen und am nächsten Tag mit frischen Kräften weiterzumachen. Erst wenn Sie den Lektionsstoff wirklich beherrschen, sollten Sie zur nächsten Lektion übergehen. Und wiederholen Sie ab und zu eine bereits bekannte Lektion. So vermeiden Sie, dass schon Bekanntes wieder in Vergessenheit gerät.

Und nun wünschen wir Ihnen viel Spaß und Erfolg bei der Beschäftigung mit dem Spanischen!

Inhalt

Inhalt

Inhalt

1 Spanisch ist ganz einfach **auszusprechen**, wenn man ein paar grundsätzliche Regeln beachtet:

b und **v**	werden gleich ausgesprochen, und zwar wie ein Mittelding zwischen den deutschen Lauten *b* und *v*: Sprechen Sie ein *b*, indem Sie die Lippen leicht aufeinander legen, nicht so fest wie beim deutschen *b*, dann entsteht der für das Spanische typische Laut	**beber** *trinken*, **vino** *Wein*
c	vor **e** und **i** wie *th* im englischen *thank you*, sonst wie deutsches *k*	**ciudad** *Stadt* **cocina** *Küche*
ch	ähnlich wie deutsches *tsch*	**chocolate** *Schokolade*
d	etwas weicher als im Deutschen	**perdón** *Entschuldigung*
g	vor **e** und **i** wie *ch* im deutschen Wort *auch*, sonst wie deutsches *g*	**gente** *Leute* **gracias** *Danke*
h	wird gar nicht ausgesprochen	**hola** *Hallo*
j	immer wie *ch* im deutschen Wort *auch*	**jueves** *Donnerstag*
ll	wie deutsches *j*	**paella** *Paella*
ñ	wie *gn* in *Champagner*	**señor** *Herr*
qu	wie *k*	**que** *als*
r	Das **r** wird mit der Zungenspitze gerollt. Wenn es am Wortanfang steht oder **rr** geschrieben wird, müssen Sie besonders stark rollen	**periódico** *Zeitung* **cierra** *er, sie, es schließt*
y	am Wortende wie ein deutsches *i*, sonst wie ein *j*	**soy** *ich bin* **yo** *ich*
x	vor Konsonsanten wie *s* im deutschen Wort *Messe*, sonst wie *x*	**exposición** *Ausstellung* **taxi** *Taxi*
z	immer wie *th* im englischen *thank you*	**zapato** *Schuh*

Das waren schon die wichtigsten Besonderheiten. Am einfachsten ist es natürlich, wenn Sie sich immer auf der Audio-Kassette genau anhören, wie etwas ausgesprochen wird. Mit der Kassette 2 können Sie nicht nur die Wörter, sondern auch ihre genaue Aussprache lernen.

Auf eine Feinheit möchten wir Sie noch aufmerksam machen: In **pagar** *bezahlen* wird – nach den oben stehenden Regeln – das **g** genauso wie im Deutschen gesprochen. Das soll natürlich auch in allen konjugierten Formen des Verbs so bleiben. Wenn die Endung einer Verbform aber mit **e** beginnt, müßte das **g** davor theoretisch wie *ch* gesprochen werden. Damit das nicht passiert, sondern die Aussprache **g** erhalten bleibt, setzt man ein **u** zwischen das **g** und das **e**. So lautet der Imperativ von **pagar** z. B. **pague** *bezahlen Sie!* Ähnlich ist es z. B. beim Verb **tocar**: Damit die Aussprache des Stammes erhalten bleibt, wird das **c** vor **e** in **qu** umgewandelt.

Sprechen & Schreiben

2 Die **Betonung** der spanischen Wörter ist nicht schwierig: Sie betonen sie entweder

a) auf der letzten Silbe. Dies gilt für alle Wörter, die auf einen Konsonanten enden, mit Ausnahme der Wörter auf **-n** oder **-s**, z. B.
espa**ñol** *spanisch*
ce**nar** *essen*

b) oder auf der vorletzten Silbe. Dies gilt für alle Wörter, die auf **-n** oder **-s** enden und alle Wörter, die auf nicht betonten Vokal enden, z. B.
cer**ve**za *Bier*
beben *sie trinken*
re**vis**tas *Zeitschriften*

Alle Wörter, deren Betonung von diesen beiden strengen Regeln abweicht, bekommen einen **Akzent**, der die betonte Silbe kennzeichnet, z. B.
ale**mán** *deutsch*
adi**ós** *tschüss*
te**lé**fono *Telefon*

Dazu gehören auch Wörter, bei denen zwei oder mehr Vokale aufeinander folgen. In der Regel wird hier das **a**, **e** oder **o** betont. Wenn jedoch **i** oder **u** betont werden sollen, bekommen sie einen Akzent, z. B.
búho *Uhu*
harías *du würdest tun*

Auch in einigen anderen Fällen wird der **Akzent** gesetzt:

a) Bei Frage- und Ausrufewörtern wie z. B.
¿cuánto? *wie viel?*
¿qué? *was?*
¿quién? *wer?*
¿cómo? *wie?*

b) Um zwei gleich lautende Wörter mit verschiedener Bedeutung voneinander zu unterscheiden, z. B.

té *Tee*	te *dich, dir*
sí *ja*	si *wenn, ob*
mí *mich, mir*	mi *mein*

3 Sicherlich wird Ihnen schon in der ersten Lektion eine Besonderheit in der **Zeichensetzung** auffallen: Vor Fragen steht im Spanischen ein umgedrehtes Fragezeichen, zusätzlich zu dem Fragezeichen am Satzende. Ebenso steht vor Ausrufen ein umgedrehtes Ausrufezeichen, zusätzlich zu dem Ausrufezeichen am Satzende. Vergessen Sie nicht, diese Zeichen zu setzen, wenn Sie Spanisch schreiben. Weniger streng sind im Spanischen die Regeln für das Komma: Hier setzt man einfach eines, wenn es für das Verständnis des Satzes sinnvoll erscheint.

4 Auch die Regeln zu **Groß- und Kleinschreibung** sind nicht kompliziert: generell wird im Spanischen klein geschrieben. Groß schreibt man

- das erste Wort im Satz
- Eigennamen von Personen, Ländern, Städten usw.
- Namen von öffentlichen Einrichtungen, z. B. **el Museo Picasso** *das Picasso-Museum*
- Feste, z. B. **Navidad** *Weihnachten*
- die Abkürzungen **Sr.** (von **señor**), **Sra.** (**señora**), **Srta.** (**señorita**), **Ud.** (**usted**), **Uds.** (**ustedes**)
- und natürlich „wichtige Leute" wie **el Rey** *der König*.

Lektion 1

El primer contacto

Buenos días, buenas tardes oder *buenas noches*, herzlich willkommen zu „Langenscheidts Express-Kurs Spanisch". Die Autorin und der Verlag wünschen Ihnen ein angenehmes Lernen, viel Spaß mit unserem Buch und viel Erfolg.

Wenn Sie jemanden auf Spanisch begrüßen möchten, sollten Sie zuerst einmal auf die Uhr schauen: *Buenos días* können Sie bis zum Mittagessen, also bis 14 oder 15 Uhr, sagen. Danach sagt man bis ungefähr um 20 Uhr *Buenas tardes*, und später *Buenas noches. Buenas noches* ist also nicht ganz dasselbe wie das deutsche „Gute Nacht", denn Sie können es am Abend zur Begrüßung und zum Abschied sagen.

Außerdem sollten Sie wissen, dass man sich in Spanien viel häufiger duzt als in Deutschland. „Du" sagen junge Leute untereinander, auch in Geschäften und Büros; außerdem duzen ältere Leute jüngere; jüngere Leute sagen zu älteren aber auch dann „Sie", wenn sie von den älteren geduzt werden.

En un vuelo de Iberia que va a las Islas Canarias:

Azafata: Buenas tardes, ¿periódico?, ¿revista?
Felix: Un periódico alemán, por favor *(er stößt versehentlich die junge Frau neben ihm an)*. Ay, ¡perdón!
Luisa: No importa, no pasa nada. Alemán, ¿verdad?
Felix: Sí, soy alemán, ¿y usted?, ¿es española?
Luisa: Sí, pero por favor, de tú.
Felix: ¡Ah sí!, ¡claro!
Luisa: ¿Vas de vacaciones?
Felix: Sí, voy tres semanas a Tenerife y después dos a Lanzarote.
Luisa: ¡Qué suerte!
Felix: Y tú, ¿eres de Tenerife?
Luisa: No, pero vivo allí.
Felix: ¿En qué trabajas?
Luisa: Soy periodista. ¿Y tú?
Felix: ¡Qué casualidad!, yo también.
Luisa: ¿Y cómo te llamas?
Felix: Felix, Felix Graf.
Luisa: Yo me llamo Luisa. Bueno, pues, ¡encantada!
Felix: Igualmente. ¡Mira!, ¡ya llegamos!

Neue Wörter und Ausdrücke

Die Wörter aus dem Abschnitt **zu Erklärungen und Übungen** sind nur als Hilfe für Sie gedacht. Sie werden in den nächsten Lektionen nicht als bekannt vorausgesetzt. Wenn Sie Lust dazu haben, dürfen Sie sie natürlich trotzdem lernen.

el contacto	der Kontakt
el primer contacto	der erste Kontakt
el vuelo	der Flug
en un vuelo	auf einem Flug
de Iberia	von Iberia
que va	der geht
a las Islas Canarias	auf die Kanarischen Inseln
la azafata	die Stewardess
buenas tardes	guten Tag, guten Abend
el periódico	die Zeitung
la revista	die Illustrierte
un periódico alemán	eine deutsche Zeitung
por favor	bitte
ay	oh
¡perdón!	Entschuldigung!
no importa	das macht nichts
no pasa nada	es ist nichts passiert
el alemán	der Deutsche
¿verdad?	nicht wahr?
sí	ja
Soy alemán.	Ich bin Deutscher.
y	und
¿y usted?	und Sie?
la española	die Spanierin
¿Es española?	Sind Sie Spanierin?
pero	aber
tú	du
de tú	sag „du" zu mir
¡Ah sí!, ¡claro!	Ah ja, natürlich!
las vacaciones	der Urlaub
¿Vas de vacaciones?	Fährst du in Urlaub?
voy	ich fahre
la semana	die Woche
tres semanas	drei Wochen
a Tenerife	nach Teneriffa
después	dann, danach
dos	zwei
a Lanzarote	nach Lanzarote
¡Qué suerte!	Was für ein Glück!
¿Eres de Tenerife?	Bist du aus Teneriffa?
no	nein
No, pero vivo allí.	Nein, aber ich wohne dort.
¿En qué trabajas?	Was machst du von Beruf?
Soy periodista.	Ich bin Journalist(in).
¡Qué casualidad!	Was für ein Zufall!
yo	ich
también	auch
¿cómo?	wie?
¿Cómo te llamas?	Wie heißt du?
yo me llamo	ich heiße
bueno	*hier:* also
pues	dann
¡Encantada!	Angenehm! *(sagt eine Frau)*
igualmente	gleichfalls
mira	schau mal
ya	schon
ya llegamos	wir sind schon da

zu Erklärungen und Übungen

la foto	das Foto
la moto	das Motorrad
la mano	die Hand
la información	die Auskunft
el mapa	die Landkarte
el problema	das Problem
el día	der Tag
el turista	der Tourist
el avión	das Flugzeug
la ciudad	die Stadt
a	zu, nach, in, an
de	aus, von

Neue Wörter und Ausdrücke

ser	sein	¿de dónde?	woher?
ir	gehen, fahren, fliegen	¿a dónde?	wohin?
la señorita	die junge Frau		

Erklärungen

1 **Substantive** können nur maskulin, d. h. männlich, oder feminin, d. h. weiblich, sein.

Maskulin sind fast alle Substantive auf **-o**:
el periódico *die Zeitung*
Die wichtigsten Ausnahmen sind: la foto *das Foto*, la moto *das Motorrad*, la mano *die Hand*.

Feminin sind fast alle Substantive auf **-a**, **-ad**, **-ción**:
la semana *die Woche* la casualidad *der Zufall* la información *die Auskunft*
Die wichtigsten Ausnahmen sind: el mapa *die Landkarte*, el problema *das Problem*, el día *der Tag*.

Die Substantive, die auf **-ista** enden, werden unverändert für Frauen und Männer verwendet: un periodista *ein Journalist* un turista *ein Tourist*
una periodista *eine Journalistin* una turista *eine Touristin*

2 Den **Plural von Substantiven**, die mit einem Vokal enden, bilden Sie durch Anhängen von **-s**:
el vuelo *der Flug* – los vuelos la semana *die Woche* – las semanas

Substantive, die auf Konsonant enden, bilden den Plural durch Anhängen von **-es**:
el avión *das Flugzeug* – los aviones la ciudad *die Stadt* – las ciudades

3 Der **bestimmte** oder der **unbestimmte Artikel** zeigen das Geschlecht des Substantives an:

	bestimmter Artikel		unbestimmter Artikel	
	Singular	Plural	Singular	Plural
maskulin	el periódico	los periódicos	un periódico	unos periódicos
feminin	la revista	las revistas	una revista	unas revistas

Die Pluralform des unbestimmten Artikels **unos** bzw. **unas** heißt *mehrere, einige*:
unos periódicos *einige Zeitungen*
Vor Zahlwörtern haben **unos** bzw. **unas** die Bedeutung von *ungefähr*:
unos cinco minutos *ungefähr fünf Minuten*

Wenn vor dem Artikel **el** die Präposition **a** *zu, in, nach, an* steht, verschmelzen die beiden zu **al**. Wenn vor dem Artikel **el** die Präposition **de** *aus, von* steht, verschmelzen die beiden zu **del**.

4 In dieser Lektion haben Sie bereits zwei ganz wichtige **Verben** kennen gelernt, die Verben **ser** und **ir**. Ihre Formen sollten Sie sich gut einprägen:

ser *sein*
soy *ich bin*
eres *du bist*
es *er, sie, es ist, Sie sind (eine Person)*
somos *wir sind*
sois *ihr seid*
son *sie sind, Sie sind (mehrere Personen)*

ir *gehen; fahren, fliegen*
voy *ich gehe*
vas *du gehst*
va *er, sie, es geht, Sie gehen (eine Person)*
vamos *wir gehen*
vais *ihr geht*
van *sie gehen, Sie gehen (mehrere Personen)*

Wie Sie bemerkt haben, unterscheidet man im Spanischen, ob man
a) eine einzelne Person anredet, die man siezt – dann benutzt man die dritte Person Singular – oder
b) mehrere Personen anredet, die man siezt – dann benutzt man die dritte Person Plural.

5 Im Spanischen gibt es zwei Verben für das deutsche *sein*, **ser** und **estar** (zu **estar** s. Lektion 4). **Ser** wird vor allem gebraucht:
a) bei Angabe der Nationalität, des Berufs:
Soy alemán. *Ich bin Deutscher.*
Soy periodista. *Ich bin Journalist(in).*
b) bei Angabe der Identität und bei Definitionen:
Es un vuelo de Iberia.
Dies ist ein Flug der Iberia.
La señorita es Luisa Sanz.
Die junge Frau ist Luisa Sanz.

6 Die **Personalpronomen für das Subjekt** werden im Spanischen nur dann gesetzt, wenn nicht ganz klar ist, auf welche Person man sich bezieht, oder wenn man die Person besonders hervorheben will:
Yo me llamo Luisa. *Ich heiße Luisa.*

Außerdem stehen sie natürlich in Sätzen oder Teilsätzen, die kein Verb haben, wie z. B. in:
Soy alemán ¿y usted?
Ich bin Deutscher, und Sie?

In den meisten Fällen steht das Verb allein, ohne Personalpronomen. An der Endung erkennt man, welche Person gemeint ist:
Soy alemán. *Ich bin Deutscher.*
¿Es española? *Sind Sie Spanierin?*

Die Formen der Personalpronomen für das Subjekt lauten:

Singular	Plural
yo *ich*	nosotros *wir*
	nosotras *wir (nur Frauen)*
tú *du*	vosotros *ihr*
	vosotras *ihr (nur Frauen)*
él *er*	ellos *sie*
ella *sie*	ellas *sie (nur Frauen)*
usted *Sie*	ustedes *Sie*

Übungen

1 Setzen Sie **el, la, los, las** ein:

1) .... contacto 3) .... manos 5) .... foto 7) .... islas

2) .... ciudades 4) .... periódicos 6) .... vuelo 8) .... señorita

2 Setzen Sie **un, una, unos, unas** ein:

1) .... azafata 3) .... periódicos 5) .... vacaciones 7) .... mapa

2) .... moto 4) .... semanas 6) .... revistas 8) .... vuelo

3 Ordnen Sie die folgenden Wörter in die richtigen Spalten ein – maskulin oder feminin, Singular oder Plural?

vuelo libros casualidad islas días semanas vacaciones aviones mano mapa periódicos revista problema

maskulin Singular	Plural	feminin Singular	Plural
vuelo	libros	casualidad	islas
....	....	....	....
....	....	....	....
....	....	....	....

4 Sicherlich haben Sie bei Übung 3 den Plural gut erkannt. Können Sie die Pluralformen auch selber bilden?

1) una isla ....

2) la ciudad ....

3) un vuelo ....

4) un problema ....

5) el día ....

6) la información ....

5 Und nun eine Übung zu den Personalpronomen. Setzen Sie die richtigen Formen ein. Ein kleiner Tipp: Sie erkennen schon an der Verbform, um welche Person es sich handelt.

1) .... soy alemán.
2) .... es española.
3) .... van en un avión.
4) ¿...................... eres de Tenerife?
5) .... somos periodistas.
6) .... me llamo Luisa.
7) ¿...................... vais de vacaciones?
8) ¿...................... es periodista?
9) .... voy a Lanzarote.
10) ¿...................... son españoles? No, yo soy alemán, pero Luisa es española.

6 Erinnern Sie sich noch an den Lektionstext? Dann können Sie sicherlich die folgenden Wörter in den Text einsetzen:

eres también soy trabajas vas

1) - ¿En qué .... ?
- .... periodista, y ¿tú?
- Yo .... soy periodista.

2) - ¿De dónde .... ?
- Soy alemán.

3) - ¿A dónde .... de vacaciones?
- A las Islas Canarias.

7 Verbinden Sie jeweils eine Frage aus der linken Spalte mit der Antwort in der rechten Spalte:

1) ¿En qué trabajas?
2) ¿De dónde eres?
3) ¿Dónde vives?
4) ¿Vas de vacaciones?
5) ¿Eres de Madrid?

a. Sí, una semana a Sevilla.
b. En Berlín.
c. Soy periodista.
d. No, soy alemán.
e. De Tenerife.

8 Übersetzen Sie:

1) Felix va tres semanas a Tenerife.
2) Yo soy alemana, de Hamburgo.
3) Las revistas son españolas.
4) ¿Vas de vacaciones? Sí, tres semanas.
5) Felix y Luisa van a las Islas Canarias.
6) ¿Eres periodista? ¡Qué casualidad, yo también!
7) La azafata es española.
8) ¿Vais de vacaciones? Sí, a Tenerife.

9 In Spanien duzt man sich schnell. Dennoch sollten Sie die Höflichkeitsform beherrschen. Stellen Sie sich nun vor, Sie siezen Ihre Gesprächspartner und formulieren Sie die folgenden Fragen dementsprechend um.

1) ¿Eres española? ....

....

2) ¿Vas de vacaciones? ....

....

3) ¿Sois periodistas? ....

....

4) ¿Vais a Tenerife? ....

....

10 Die „kleinen" Wörter sind oft ganz wichtig. Deswegen sollten Sie sie gut beherrschen. Sicher können Sie die spanische Übersetzung der folgenden deutschen Wörter in dem Wortsalat finden.

Entschuldigung! Ja. Natürlich! Bitte! Angenehm!

h	f	a	l	e	u	o	l	s
l	í	w	q	a	i	o	m	s
e	n	c	a	n	t	a	d	a
z	u	l	z	s	p	i	e	m
p	r	a	e	í	u	k	n	b
t	n	r	k	l	j	e	v	a
b	z	o	t	k	v	a	e	t
p	e	r	d	ó	n	p	p	l
p	o	r	f	a	v	o	r	m

11 Und zum Abschluss verbinden Sie bitte die deutschen Sätze mit ihrer spanischen Übersetzung.

1) Das macht nichts.
2) Sind Sie Spanierin?
3) Bist du aus München?
4) Wie heißt du?
5) Wir sind schon da.

a. ¿Eres de Múnich?
b. ¿Cómo te llamas?
c. No importa.
d. Ya llegamos.
e. ¿Es (usted) española?

Lektion 2

¿Cuándo comemos?

In den Mittelmeerländern hat das Leben einen ganz anderen Rhythmus als in Deutschland – das gilt auch für Spanien. Um die Mittagszeit wird es im Sommer vielerorts geradezu unerträglich heiß; daher ruht sich aus, wer es sich eben leisten kann, und die Geschäfte schließen in der Regel für zwei bis drei Stunden. Gegen 16 bis 17 Uhr lässt die Hitze nach und das Leben kann wieder beginnen; die Geschäfte sind dann oft bis 20 oder 21 Uhr geöffnet. Dementsprechend beginnt auch der Feierabend spät; kaum ein Restaurant öffnet vor 20 Uhr, und normalerweise essen die Spanier nicht vor 21 Uhr zu Abend. Falls sie vorher der Hunger überkommt, gibt es ein paar *tapas*, kleine Häppchen wie Oliven, Schinkenscheibchen, gebratene Tintenfische ... Und nach dem Abendessen beginnt dann das Nachtleben, also zu einer Zeit, wo die Deutschen schon fast im Bett liegen.

Wenn Sie mit spanischen Freunden in Restaurants oder Bars unterwegs sind, ist es oft recht schwierig zu bezahlen: meist hat einer der Freunde die Rechnung schon beglichen. Getrennt zu bezahlen ist in Spanien unüblich und nicht gern gesehen. Mal lädt der eine, mal der andere ein; wenn Sie mit einer ganzen Gruppe ausgehen, zahlt jede Person eine Runde.

Natürlich gilt für Spanien dasselbe wie für alle Länder: Der Tagesablauf, die Öffnungszeiten der Geschäfte, die Gewohnheiten der Bewohner variieren von einem Teil Spaniens zum anderen, von Stadt zu Land. Erkundigen Sie sich einfach nach den Gepflogenheiten des Ortes, an dem Sie sich gerade aufhalten!

Dos amigos beben una cerveza en un bar.

Markus: ¿Qué hora es? Tengo hambre.
Estrella: Son las siete y media.
Markus: ¿A qué hora abren los restaurantes?
Estrella: No sé, sobre las ocho.
Markus: ¿A qué hora cenan los españoles?
Estrella: No antes de las nueve.
Markus: Pues... ¿a qué hora comen?
Estrella: Después de las dos.
Markus: Y entonces, la siesta, ¿no?
Estrella: Bueno, no todos pueden. Es más normal en verano y los fines de semana. Oye, pero... ¿por qué no pedimos unas tapas?
Markus: ¡Buena idea! *(Al camarero:)* ¡Oiga, por favor!

Unos minutos después...

Markus: Creo que en España los horarios son muy diferentes a Alemania.
Estrella: ¿Por ejemplo?
Markus: Las tiendas. En Alemania no cierran al mediodía.
Estrella: Sí, pero aquí están abiertas hasta las ocho todos los días.
Markus: Ahora en Alemania también. Antes, sólo los jueves.

Estrella: Los sábados abren normalmente hasta mediodía y los domingos cierran.
Markus: Como nosotros. Las diferencias entre los países europeos son cada vez más pequeñas. Pero... ¿y cuándo dormís?
Estrella: Tienes razón: Cenamos tarde, salimos tarde, y nos vamos a la cama muy, muy tarde.
Markus: Vivís la noche.
Estrella: Sí, es verdad.
Markus: Bueno, hablamos y hablamos. ¿Qué hora es?
Estrella: Las ocho y cuarto.
Markus: Muy bien: entonces, vamos a cenar.
Estrella: ¡Camarero! ¿Cuánto es todo?
Camarero: Setecientas pesetas.
Markus: Un momento, toma cuatrocientas...
Estrella: No, otro día pagas tú.

Estrella y Markus salen del bar y buscan un restaurante para cenar.

Neue Wörter und Ausdrücke

Ein paar **Tipps zum Lernen der neuen Wörter**:

1. Oft kann man Ausdrücke nicht Wort für Wort übersetzen. Versuchen Sie, die Ausdrücke als Ganzes zu lernen und auf die Wort-für-Wort-Übersetzung zu verzichten. Wenn einzelne Wörter aus dem Ausdruck besonders wichtig sind, geben wir sie separat an.
2. Versuchen Sie, mit dem Wortschatz, der Ihnen zur Verfügung steht, neue Sätze zu bilden; kombinieren Sie die neuen Wörter miteinander und mit dem schon gelernten Vokabular.
3. Hören Sie sich auf jeden Fall den Dialog an, bevor Sie sich die neuen Vokabeln ansehen. Viele Wörter können Sie aus dem Zusammenhang des Textes erschließen und verstehen.
4. Versuchen Sie, sich eine Eselsbrücke zu bauen; um sich **periódico** *Zeitung* zu merken, können Sie z. B. an das deutsche „periodisch" denken - denn Zeitungen erscheinen periodisch.

Die Formen der unregelmäßigen Verben haben wir in den Verbtabellen im Anhang (S. 149) zusammengestellt. Die Zahlen hinter diesen Verben helfen Ihnen, das Verb dort schnell zu finden. Alle Verben ohne diese Angabe sind regelmäßig.

¿cuándo?	wann?
comemos	wir essen
comer	essen
el amigo, la amiga	der Freund, die Freundin
beben	sie trinken
beber	trinken
la cerveza	das Bier
en	in
el bar	die Kneipe
la hora	die Stunde
¿Qué hora es?	Wie spät ist es?
ser 1.16	sein
tengo hambre	ich habe Hunger
son las siete y media	es ist halb acht
¿a qué hora?	um wie viel Uhr?
abren	sie machen auf
abrir	öffnen, aufmachen
el restaurante	das Restaurant
no	nicht
saber 1.13	wissen
no sé	ich weiß nicht
sobre las ocho	ungefähr um acht
cenan	sie essen zu Abend
cenar	zu Abend essen
antes de	vor
antes de las nueve	vor neun (Uhr)
comen	sie essen, *hier:* sie essen zu Mittag
después de	nach
después de las dos	nach zwei (Uhr)
entonces	dann
la siesta	der Mittagsschlaf
¿no?	nicht wahr?
todos	alle
pueden	sie können
poder 1.10	können
es más normal	*hier:* es ist eher so
el verano	der Sommer
el fin de semana	das Wochenende
los fines de semana	*hier:* (immer) am Wochenende
oye	hör mal
¿por qué no pedimos...?	warum bestellen wir nicht ...?
pedir 1.9	bestellen
las tapas	Tapas *(s. Einleitung)*
buena idea	gute Idee
el camarero	der Kellner
¡Oiga, por favor!	*hier:* Herr Ober, bitte!
el minuto	die Minute

Neue Wörter und Ausdrücke

después	später
creo que	ich glaube, dass
creer [2.3]	glauben
España	Spanien
los horarios	die Öffnungszeiten
muy	sehr
Alemania	Deutschland
son muy diferentes a Alemania	sie sind ganz anders als in Deutschland
¿por ejemplo?	zum Beispiel?
la tienda	das Geschäft
cierran	sie schließen
cerrar [2.2]	schließen
al mediodía	mittags
aquí	hier
las tiendas...están abiertas	die Geschäfte ... sind geöffnet
hasta	bis
hasta las ocho	bis acht (Uhr)
el día	der Tag
todos los días	jeden Tag
ahora	jetzt
antes	früher
el jueves	der Donnerstag
sólo los jueves	nur donnerstags
el sábado	der Samstag
los sábados	samstags
normalmente	normalerweise
hasta mediodía	bis mittags
el domingo	der Sonntag
los domingos	sonntags
como nosotros	wie bei uns
la diferencia	der Unterschied
entre	zwischen
el país	das Land
el país europeo	das europäische Land
cada vez más pequeñas	immer kleiner
dormís	ihr schlaft
dormir [1.4]	schlafen
tienes razón	du hast Recht
cenamos	wir essen
tarde	spät
salimos	wir gehen aus
salir [1.14]	ausgehen, weggehen
nos vamos a la cama	wir gehen ins Bett
vivís	ihr lebt
vivir	leben
la noche	die Nacht, nachts
sí, es verdad	ja, das ist wahr
hablamos	wir reden
hablar	sprechen, reden
las ocho y cuarto	Viertel nach acht
bien	gut *(Adverb)*
¡vamos!	lass uns gehen!
ir [1.8]	gehen, fahren, fliegen
¿Cuánto es todo?	Wie viel macht das zusammen?
la peseta	die Pesete, *abgekürzt:* ptas.
setecientas pesetas	700 Peseten
toma	nimm
tomar	nehmen
cuatrocientas	vierhundert
otro día pagas tú	du bezahlst an einem anderen Tag
pagar [3.1]	(be)zahlen
salen del bar	sie verlassen die Kneipe
buscan	sie suchen
buscar [3.2]	suchen
para cenar	um zu Abend zu essen

zu Erklärungen und Übungen

el español	Spanisch *(die Sprache)*
menos	weniger, minus
el lunes	der Montag
el martes	der Dienstag
el miércoles	der Mittwoch
el viernes	der Freitag
los días laborables	die Werktage

Erklärungen

1 Im Spanischen unterscheidet man nach den drei Infinitivendungen **-ar**, **-er**, **-ir** drei **Konjugationen**. Das Präsens der regelmäßigen Verben lautet folgendermaßen:

hablar	comer	vivir
sprechen	*essen*	*leben, wohnen*
hablo	como	vivo
hablas	comes	vives
habla	come	vive
hablamos	comemos	vivimos
habláis	coméis	vivís
hablan	comen	viven

Im Singular und in der 3. Person Plural wird der Stamm des Verbs betont, in der 1. und 2. Person Plural und im Infinitiv der erste Vokal der Endung:
hablo ['ablo], aber: hablamos [a'blamos].

Die Formen der unregelmäßigen Verben finden Sie in der Verbtabelle im Anhang, unter der Nummer, die hinter dem jeweiligen Verb angegeben ist. Bitte schlagen Sie die Formen aller Ihnen schon bekannten unregelmäßigen Verben immer dort nach, wenn Sie eine neue Zeit kennen lernen.

Bei vielen Verben verändert sich in den stammbetonten Formen der Stammvokal:
e → ie z. B. cerrar *schließen*: cierro, cierras, cierra, cerramos, cerráis, cierran
o → ue z. B. poder *können*: puedo, puedes, puede, podemos, podéis, pueden
e → i z. B. pedir *bitten, bestellen*: pido, pides, pide, pedimos, pedís, piden

2 Die **Verneinung** bildet man, indem man **no** vor das Verb setzt:
No hablo español. *Ich spreche kein Spanisch.*
Los españoles no cenan antes de las nueve. *Die Spanier essen nicht vor neun Uhr.*

No verwendet man auch im Sinne von *nicht wahr*:
Usted va también a Mallorca, ¿no? *Sie fahren auch nach Mallorca, nicht wahr?*
Y entonces, la siesta, ¿no? *Und danach die Siesta, oder?*

Erklärungen

3 Die **Grundzahlen** lauten

0 cero	16 dieciséis	100 cien
1 uno, -a	17 diecisiete	101 ciento uno
2 dos	18 dieciocho	200 doscientos,-as
3 tres	19 diecinueve	300 trescientos,-as
4 cuatro	20 veinte	400 cuatrocientos,-as
5 cinco	21 veintiuno	500 quinientos,-as
6 seis	22 veintidós	600 seiscientos,-as
7 siete	30 treinta	700 setecientos,-as
8 ocho	31 treinta y uno	800 ochocientos,-as
9 nueve	32 treinta y dos	900 novecientos,-as
10 diez	40 cuarenta	1.000 mil
11 once	50 cincuenta	2.000 dos mil
12 doce	60 sesenta	100.000 cien mil
13 trece	70 setenta	200.000 doscientos mil
14 catorce	80 ochenta	1.000.000 un millón (de)
15 quince	90 noventa	2.000.000 dos millones (de)

Wie Sie sehen, haben **uno** und die Hunderterzahlen ab 200 eine weibliche Form. Achten Sie besonders bei Preisen darauf, denn **pesetas** sind feminin: **ochocientas pesetas** *800 Peseten*.
Wenn **millón** und Vielfache von **millón** direkt vor einem Substantiv stehen, müssen Sie das Substantiv mit **de** anschließen:
dos millones de pesetas *2 Millionen Peseten*
aber: un millón cuatrocientas mil pesetas *1.400.000 Peseten*

4 Die Frage nach der **Uhrzeit** stellen Sie immer im Singular. Die Antwort steht nur bei 1 Uhr im Singular, ab 2 Uhr im Plural:

¿Qué hora es? *Wie spät ist es?* — Es la una. *Es ist ein Uhr.*
Son las cinco. *Es ist fünf Uhr.*

Bis einschließlich halb wird zur vergangenen Stunde mit **y** hinzugezählt, nach halb wird von der folgenden Stunde mit **menos** abgezogen:
Es la una y veinticinco. *Es ist fünf vor halb zwei. (wörtl.: Es ist 1 Uhr 25.)*
Son las cinco y media. *Es ist halb sechs.*
Son las siete menos cuarto. *Es ist Viertel vor sieben.*

Mit **¿A qué hora...** + Verb? können Sie fragen, um wie viel Uhr etwas geschieht:
¿A qué hora abren los restaurantes? *Um wie viel Uhr machen die Restaurants auf?*
Die Antwort kann lauten:

A las ocho. *Um acht (Uhr).* — **Antes de** las ocho. *Vor acht (Uhr).*
Sobre las ocho. *Gegen acht (Uhr).* — **Después de** las ocho. *Nach acht (Uhr).*

Erklärungen

5 Nun kennen Sie schon die **Wochentage**:

semana Nº 17						17. Woche
días laborables *Werktage*					**fin de semana** *Wochenende*	
lunes *Montag*	martes *Dienstag*	miércoles *Mittwoch*	jueves *Donnerstag*	viernes *Freitag*	sábado *Samstag*	domingo *Sonntag*

Auf die Frage „wann" stehen die Wochentage **ohne** Präposition, aber mit Artikel:
El domingo voy a Madrid. *Am Sonntag fahre ich nach Madrid.*
¿Cuándo cierran las tiendas? Los domingos.
Wann haben die Geschäfte geschlossen? Sonntags.

Sie haben anhand dieser beiden Beispiele sicherlich auch bemerkt, wie man im Spanischen zwischen „am Sonntag" und „sonntags" unterscheidet: Wenn man ausdrücken möchte, dass etwas jeden Sonntag (oder Montag ...) passiert, setzt man einfach den Plural! Von **sábado** und **domingo** bilden Sie ihn – wie gewohnt –, indem Sie einfach ein **-s** an den Singular hängen. Die anderen Wochentage haben im Singular und Plural die gleiche Form:
el sábado *am Samstag* – los sábados *samstags* el lunes *am Montag* – los lunes *montags*

Lektion 2

Übungen

1 Ergänzen Sie die fehlenden Verbformen:

	Yo	tú	él/ella/usted	nosotros,-as	vosotros,-as	ellos/ellas/ustedes
abrir	abro					
		cenas				cenan
			habla		habláis	
		pagas		pagamos		
pedir						piden
	como		come			
poder					podéis	
		vives		vivimos		
	cierro					cierran

Übungen

2 Haben Sie den Text aufmerksam gelesen? Dann können Sie jetzt bestimmt die richtige Antwort ankreuzen:

1. ¿A qué hora abren los restaurantes?
a) A las cinco. c) Sobre las ocho.
b) A las seis.

2. ¿A qué hora cenan los españoles?
a) A las diez.
b) No antes de las nueve.
c) No antes de las once.

3. ¿A qué hora comen los españoles?
a) Antes de las doce.
b) Después de las dos.
c) Después de las cuatro.

4. ¿A qué hora cierran las tiendas?
a) A las ocho. c) A las once.
b) A las doce.

3 Ergänzen Sie die richtigen Formen der Verben, die jeweils in Klammern hinter dem Satz stehen:

1) ¿A qué hora .... los alemanes? (cenar)

2) Markus .... muy bien español. (hablar)

3) Nosotros .... sobre las nueve. (cenar)

4) ¿Tú no .... una cerveza también? (pedir)

5) Yo no .... dormir la siesta todos los días. (poder)

6) ¿Usted .... en Barcelona? (vivir)

4 Und nun noch etwas Mathematik. Die Ergebnisse Ihrer Berechnungen sollen Sie ausschreiben:

1) 23 + 67 = ...
....

2) 954 - 546 = ...
....

3) 225 : 5 = ...
....

4) 35 x 78 = ...
....

5) 3.857 + 4.785 = ...
....

5 Wie spät ist es?

1) **2:15** ....

2) **12:00** ....

3) **4:45** ....

4) **14:10** ....

5) **6:20** ....

6) **17:30** ....

7) **9:40** ....

6 Finden Sie die Wochentage in diesem Wortsalat?

O	A	M	J	I	R	K	E	V	J
G	S	B	U	V	F	B	D	S	I
N	M	I	É	R	C	O	L	E	S
I	A	C	V	G	O	C	U	N	M
M	R	E	E	H	B	V	N	R	E
O	T	S	S	I	N	U	E	E	T
D	E	O	D	A	B	Á	S	I	J
T	S	A	D	N	K	J	J	V	L

In einem spanischen Restaurant werden Sie häufig von einem Ober empfangen, der Ihnen einen Tisch zuweist. Er wird Sie zu *primer plato* (Vorspeise) und *segundo plato* (Hauptgericht) beraten, Ihnen *el postre* (den Nachtisch) empfehlen. Nach dem Essen trinken die Spanier gerne noch einen Kaffee, entweder als *café solo* (kleiner schwarzer Kaffee, wie Espresso) oder als *cortado* (mit etwas Milch); wer mag, bestellt dazu noch eine *copa,* einen Kognak. Sie werden bald feststellen, dass man es mit den Füllmengen der *copa* nicht so genau nimmt. Auch ob Sie nach der Bestellung *un vaso de vino* 0,2 l oder 0,3 l Wein bekommen, hängt ganz davon ab, wo Sie gerade sind; die Füllmengen variieren von einer Bar zur anderen.
Die Rechnung bringt Ihnen der Kellner auf einem kleinen Teller, auf dem er anschließend auch das Wechselgeld zurückbringt. Trinkgeld können Sie dann ebenfalls auf dem Tellerchen liegen lassen.

La familia Koller vuelve de vacaciones a la Costa Brava y va a cenar al mismo restaurante que el año pasado.

Erich: Buenas tardes, ¿cómo está?
Camarero: ¡Qué sorpresa! ¡De nuevo por aquí! Yo, muy bien, gracias, y ¿ustedes?
Erich: De vacaciones en España, siempre bien. ¿Tiene una mesa libre?
Camarero: Sí, tenemos dos o tres. ¿Cuántos son ustedes?
Erich: Cuatro. Dos mayores y dos niños.
Camarero: ¿Esta mesa?
Erich: Sí, está bien.
Camarero: ¿Qué desean tomar?
Erich: ¿Podemos ver la carta?
Camarero: Sí, aquí está. ¿De beber?
Erich: Vino tinto y agua mineral con gas.
Camarero: ¿Y de comer?
Erich: De comer queremos la especialidad de la casa: paella de marisco.

Lektion 3

¡Camarero!

Camarero: ¿Ensalada también?
Erich: Sí, una ensalada mixta.
Camarero: La paella tarda un poco...
Erich: Entonces, para empezar, unas aceitunas y unas patatas fritas.

Un poco más tarde...

Camarero: ¿Todo bien?
Erich: ¡Mmm!, la paella, muy buena. ¿Qué tienen de postre?
Camarero: Fruta variada, helado, flan...
Erich: Bueno, pues dos helados de chocolate y dos flanes.
Camarero: Y después, ¿café?
Erich: Sí, dos cafés solos y una copa de coñac.

El camarero vuelve un rato más tarde.

Camarero: ¿Desean alguna otra cosa?
Erich: No gracias; la cuenta, por favor.

El camarero trae la cuenta en un platito.
El señor Koller deja el dinero más la propina y se levantan.

Erich: Adiós y gracias.
Camarero: Adiós, hasta pronto.

Neue Wörter und Ausdrücke

la familia	die Familie
vuelve de vacaciones a...	sie fährt wieder in Ferien nach ...
volver [2.1]	wieder *(an einen Ort)* fahren, *(an einen Ort)* zurückkommen
a	zu, nach, in, an
la Costa Brava	die Costa Brava
mismo, -a	derselbe
el año	das Jahr
pasado, -a	letzter, vergangener
que el año pasado	wie letztes Jahr
¿Cómo está?	Wie geht es Ihnen?
¡Qué sorpresa!	Was für eine Überraschung!
¡De nuevo por aquí!	Wieder im Lande!
de nuevo	wieder
gracias	danke
Yo muy bien, gracias.	Mir geht es sehr gut, danke.
siempre	immer
tiene	Sie haben
tener [1.17]	haben
la mesa	der Tisch
libre, -	frei
tenemos	wir haben
o	oder
¿Cuántos son ustedes?	Wie viele sind Sie?
los mayores	die Erwachsenen
el niño	das Kind
¿Esta mesa?	Dieser Tisch hier?
Sí, está bien.	Ja, das ist gut.
¿qué?	was?
desear	wollen, wünschen
tomar	essen; *wörtl.:* nehmen
¿Qué desean tomar?	Was möchten Sie essen?
ver [1.20]	sehen
la carta	die Speisekarte
de beber	zu trinken
querer [1.12]	wollen, mögen, wünschen
el vino	der Wein
el vino tinto	der Rotwein
el agua mineral	das Mineralwasser
con gas	mit Kohlensäure
de comer	zu essen
la especialidad de la casa	die Spezialität des Hauses
la paella	die Paella
la paella de marisco	die Paella mit Meeresfrüchten
la ensalada	der Salat
mixto, -a	gemischt
tardar	brauchen, dauern
un poco	ein bisschen
para empezar	für den Anfang
empezar [2.5]	anfangen
la aceituna	die Olive
las patatas fritas	die Chips
más tarde	später
¿Todo bien?	Alles in Ordnung?
bueno, -a	gut
¿Qué tienen de postre?	Was haben Sie zum Nachtisch?
la fruta	die Frucht
fruta variada	verschiedene Obstsorten
el helado	das Eis
el flan	der Pudding
de	aus, von
el chocolate	die Schokolade
de chocolate	aus Schokolade, Schokoladen-
el café	der Kaffee
el café solo	der schwarze Kaffee
la copa de coñac	das Glas Kognak
un rato más tarde	einen Augenblick später
¿Desean alguna otra cosa?	Wünschen sie noch etwas?

Neue Wörter und Ausdrücke

la cuenta	die Rechnung
traer [1.18]	bringen
en	auf
el platito	das Tellerchen
dejar	(zurück-)lassen
el dinero	das Geld
la propina	das Trinkgeld
más la propina	zuzüglich des Trinkgeldes
se levantan	sie stehen auf
adiós	auf Wiedersehen
hasta pronto	bis bald

zu Erklärungen und Übungen

el vaso	das Glas
grande, -	groß
la botella	die Flasche
el hombre	der Mann
optimista, -	optimistisch
la mujer	die Frau
el viaje	die Reise
genial, -	genial, toll
la idea	die Idee
español, -a	spanisch
la comida	das Gericht
alemán, alemana	deutsch
trabajador, -a	fleißig
tengo sed	ich habe Durst
tengo frío	mir ist kalt
tengo calor	mir ist warm
tengo sueño	ich bin müde
tengo ganas de	ich habe Lust auf
tengo X años	ich bin X Jahre alt
¿Cuántos años tienes?	Wie alt bist du?
¿Qué tal?	Wie geht's?
hola	hallo
¿Qué hay?	Was gibt es?, Wie geht's?
de primero	als ersten Gang
de segundo	als zweiten Gang
simpático, -a	sympathisch
el señor	der Herr
la vainilla	die Vanille

Lektion 3

Erklärungen

1 Wenn Sie die **feminine Form des Adjektivs** bilden möchten, müssen Sie sich zunächst überlegen, wie das Adjektiv in der maskulinen Form endet:

Auf -**o** auslautende Adjektive verwandeln in der weiblichen Form -**o** in -**a**:
un vino bueno *ein guter Wein* — una paella buena *eine gute Paella*

Adjektive, deren maskuline Form auf -**e**, -**a** oder einen Konsonanten endet, verändern sich nicht:
un vaso grande *ein großes Glas* — una botella grande *eine große Flasche*
un hombre optimista *ein optimistischer Mann* — una mujer optimista *eine optimistische Frau*
un viaje genial *eine tolle Reise* — una idea genial *eine tolle Idee*

Ausnahme: Nationalitätsadjektive und Adjektive, die auf -**or**, -**ón** oder -**án** enden, hängen ein -**a** an:
un vino español *ein spanischer Wein* — una comida española *ein spanisches Gericht*
un bar alemán *eine deutsche Bar* — una familia alemana *eine deutsche Familie*
un hombre trabajador *ein fleißiger Mann* — una mujer trabajadora *eine fleißige Frau*

Erklärungen

2 Für die **Bildung des Plurals der Adjektive** ist die Endung des Singular entscheidend:

– Adjektive, die mit einem Vokal enden, bilden die Mehrzahl durch Anhängen von -s:
una mesa libre *ein freier Tisch*
dos mesas libres *zwei freie Tische*

– Adjektive, die auf Konsonant enden, bilden die Mehrzahl durch Anhängen von **-es**:
un vino español *ein spanischer Wein*
vinos españoles *spanische Weine*

Wie Sie in den Beispielen gesehen haben, steht das Adjektiv in der Regel hinter dem zugehörigen Substantiv. Es richtet sich in Geschlecht und Zahl nach dem Substantiv, auf das es sich bezieht:
una ensalad**a** mixt**a** *ein gemischter Salat*

Im Unterschied zum Deutschen ist die Übereinstimmung zwischen Adjektiv und Substantiv auch nach dem Verb *sein* wichtig:
Las aceitun**as** son buen**as**.
Die Oliven sind gut.

Gehört ein Adjektiv zu mehreren Substantiven verschiedenen Geschlechts, so steht es im Maskulinum Plural:
Juan y Luisa son español**es**.
Juan und Luisa sind Spanier.

3 Das Verb **tener** *haben* verändert bei der Konjugation seinen Stamm: das **-e** wird in einigen Personen zu **-ie**:

tener *haben*	
tengo	tenemos
tienes	tenéis
tiene	tienen

Einige wichtige Ausdrücke mit **tener**:

tengo hambre	*ich habe Hunger*
tengo sed	*ich habe Durst*
tengo frío	*mir ist kalt*
tengo calor	*mir ist warm*
tengo sueño	*ich bin müde (und möchte jetzt schlafengehen)*
tengo ganas (de)	*ich habe Lust (auf)*

4 Sicher sind Ihnen in den Lektionstexten einige kleine Wörter aufgefallen: die **Füllwörter**.
Sie geben uns während des Sprechens ein wenig mehr Zeit nachzudenken; außerdem können wir mit ihrer Hilfe Aussagen eine Färbung, eine andere Nuance geben. Leider sind sie im Allgemeinen sehr schwer zu übersetzen; meist muss man ihre Bedeutung aus dem Zusammenhang erschließen und versuchen, in der jeweils anderen Sprache ein entsprechendes Füllwort für diese Situation zu finden. Im Deutschen können als Füllwörter z. B. *doch*, *nämlich*, *dann*, *also* usw. verwendet werden. Füllwörter im Spanischen sind z. B. **bueno**, **es que**, **entonces**, **pues** ...

Erklärungen

5 So erkundigen Sie sich nach dem **Befinden** Ihres Gesprächspartners:

¿Cómo está usted? *Wie geht es Ihnen?*
¿Cómo está? *Wie geht's Ihnen?*
¿Qué tal (estás)? *Wie geht es dir?*

(Muy) bien gracias. *(Sehr) gut, danke.*

Oft hören Sie schon als Begrüßung **Hola, ¿qué tal?** oder **Hola, ¿qué hay?** *Hallo, wie geht's?* Darauf muss man meist gar nicht antworten; die Frage gehört mittlerweile zum Gruß dazu und bedeutet nicht, dass der Fragende sich jetzt wirklich dafür interessiert, wie es Ihnen geht.

6 Folgende Ausdrücke sind nützlich, **um in einem Restaurant zu bestellen**:

¡Oiga, camarero! *Hallo, Herr Ober.*
¡Camarero, por favor! *Herr Ober, bitte.*
La cuenta, por favor. *Die Rechnung bitte.*

¿Qué quieren tomar? *Was nehmen Sie?*
¿Qué desean? *Was wünschen Sie?*
de primero *als Vorspeise*
de segundo *als Hauptgericht*
de postre *als Nachtisch*
de beber *zu trinken*

Übungen

1 Können Sie die Adjektive in diesen Sätzen mit den richtigen Endungen vervollständigen?

1) Las aceitunas son buen..... .

2) Es un hombre muy optimist..... .

3) Quiero un vaso grand....., por favor.

4) ¿Tienen una mesa libr.....?

5) María es muy trabajad..... .

6) ¿Son los vinos español.....?

7) Los camareros son muy simpátic..... .

8) Los señores son aleman..... .

2 Wie lautet die feminine Form folgender Adjektive?

1) grande ....

2) español ....

3) mixto ....

4) alemán ....

5) bueno ....

6) trabajador ....

3 Was gehört zusammen?

una mesa	mineral
un camarero	fritas
un vino	solo
una comida	simpático
unas patatas	variada
un café	tinto
un agua	buena
fruta	libre

4 Was könnten die Personen sagen?

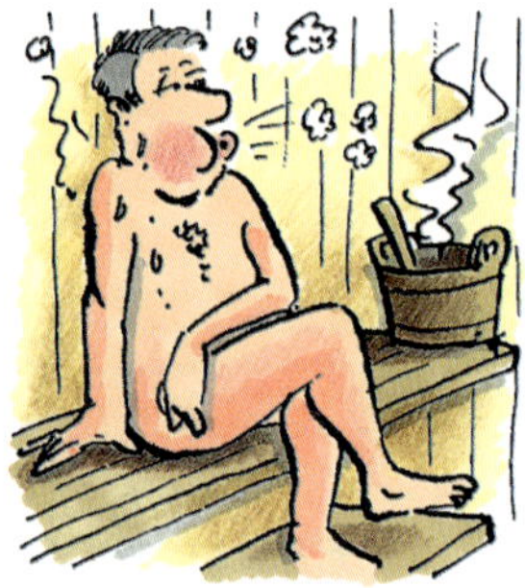

1) Tengo sueño. 2) .... 3) ....

4) .... 5) .... 6) ....

5 Können Sie die folgenden Wörter in drei Spalten ordnen?

un cafe **la cuenta** **unas aceitunas** **una copa** **un helado**
un platito **el postre** **la carta** **un vino tinto** **una ensalada**
la propina **unas patatas fritas** **la especialidad de la casa** **un flan**

de comer	de beber	pedir y pagar
....	....	....
....	....	....
....	....	....
....	....	....
....	....	....
....	....	....
....	....	....

6 Heute Abend gehen Sie so richtig schön essen - auf Spanisch!

1) - ¿ ....?
- Sí, hay una mesa libre.
2) - ¿Cuántos son?
- ....
3) - ¿Qué desean tomar?
- ....
4) - ¿Y de beber?
- ....
5) - ¿De postre?
- ....

7 Hier reden alle gleichzeitig – da entsteht natürlich ein großes Durcheinander. Ordnen Sie den Personen jeweils die richtigen Sätze zu. Es ergeben sich drei Minidialoge.

¡Hola!
¡Hola¡, ¿qué tal estás?
Muy bien, gracias, ¿y usted?
Bien, ¿y tú?
Buenos días, ¿cómo está, Señor Bravo?
¡Hola!, ¿qué tal?
Bueno, no muy bien.
Buenos días.
Bien, bien.

1) .... 2) .... 3) ....
....
....
....

8 Hier ist das Gespräch zwischen dem Kellner und den Gästen durcheinander geraten. Bringen Sie die Sätze in die richtige Reihenfolge:

☐ Mmmm, una paella de marisco.
☐ Vino blanco.
☐ ¿Podemos ver la carta?
☐ Sí, la paella muy buena.
☐ Sí, dos cafés solos.
☐ Buenas tardes. Una mesa para dos.
☐ Dos helados de vainilla.

☐ ¿Qué desean tomar?
☐ Buenas tardes.
☐ Sí, aquí está.
☐ ¿Y de beber?
☐ ¿Todo bien?
☐ ¿Café?
☐ ¿Qué desean de postre?

Lektion 4

Un parador

Sie sind mit dem Auto in Spanien unterwegs? Dann sollten Sie daran denken, dass Sie für die Benutzung der *autopistas* (Autobahnen) *peaje* (Maut) bezahlen müssen. Gebührenfrei und fast genauso schnell kommen Sie auf den *autovías* (Schnellstraßen) voran. Radial von Madrid ausgehend bringen die *nacionales* (Nationalstraßen) Sie auch in entferntere Landesteile.
Wenn Sie sich dann nach der langen Fahrt eine ganz besonders schöne Unterkunft gönnen wollen, dann fragen Sie nach einem *parador*. *Paradores* sind staatliche Hotels, die sich häufig in umgebauten Palästen, Burgen oder Klöstern befinden. Sie liegen meist in historisch bedeutenden oder landschaftlich besonders reizvollen Gegenden.

Stefan: Oiga, perdone, ¿sabe dónde hay una gasolinera?
Señora: Sí, tuerza a la izquierda. Está a unos 200 metros de aquí.
Stefan: Muchas gracias, adiós.

Empleado de la gasolinera: ¡Hola, buenas noches!
Stefan: Buenas noches. Necesito gasolina.
Empleado: ¿Súper o normal?
Stefan: Súper sin plomo.
Empleado: ¿Lleno?
Stefan: No, basta con 3.000 ptas.
Empleado: ¿Necesita usted algo más: agua, control del aceite...?
Stefan: Sí, aceite, y limpiar el parabrisas, por favor.

Unos minutos más tarde...

Stefan: ¿Cuánto es todo?
Empleado: Son tres mil quinientas ptas. La limpieza del parabrisas es un servicio de la casa.
Stefan: Tome y gracias. ¿Hay un hotel o una pensión en esta dirección?
Empleado: Sí, el parador de Monzón está a unos diez kms.
Stefan: ¿Parador?, ¿ qué es?
Empleado: Es un hotel estatal. Hay paradores en toda España; estos son edificios antiguos que están reformados.
Stefan: ¡Qué bien!, ¡un hotel cerca!, ... porque estamos muy cansados. Y, ¿dónde está?
Empleado: Siga todo recto hasta aquel cruce y entonces gire a la derecha.
Stefan: ¿Es todavía autovía?
Empleado: No, ésa es una carretera comarcal.
Stefan: Gracias por todo y adiós.
Empleado: Adiós y buen viaje.

Neue Wörter und Ausdrücke

el parador	der Parador *(staatliches Hotel)*
Oiga, perdone,	Entschuldigen Sie bitte,
¿dónde?	wo?
hay	es gibt
¿Sabe dónde hay...?	Wissen Sie, wo es ... gibt?
la gasolinera	die Tankstelle
la señora	die Frau, die Dame
a la izquierda	nach links
tuerza a la izquierda	biegen Sie links ab
estar [1.5]	sein, sich befinden
está	er, sie, es ist
el metro	der Meter, *abgekürzt:* mt.
a unos 200 metros	nach ungefähr 200 Metern
mucho, -a	viel
el empleado	der Angestellte
¡Hola!	Hallo!
¡Buenas noches!	Guten Abend!
necesitar	brauchen
la gasolina	das Benzin
súper	Super
normal	normal
sin	ohne
súper sin plomo	Super bleifrei
lleno, -a	voll
basta con tres mil ptas.	für dreitausend Peseten reicht
¿algo más?	(möchten Sie) noch etwas?
el agua	das Wasser
el control	die Kontrolle
el aceite	das Motoröl
limpiar	reinigen
el parabrisas	die Windschutzscheibe
la limpieza	das Reinigen
la casa	das Haus
es un servicio de la casa	das ist ein Service des Hauses
tome	*hier:* hier, bitte schön
¿Hay...?	Gibt es ...?
el hotel	das Hotel
la pensión	die Pension
la dirección	die Richtung
esta dirección	diese Richtung
el kilómetro	der Kilometer, *abgekürzt:* km.
estar a ... kilómetros	... Kilometer entfernt sein
estatal, -	staatlich
todo, -a	ganz
estos	diese
el edificio	das Gebäude
antiguo, -a	alt, antik
reformado, -a	renoviert
edificios que están reformados	Gebäude, die renoviert worden sind
¡qué bien!	wie gut!
cerca	nahe bei, in der Nähe
porque	weil, denn
cansado, -a	müde, erschöpft
estamos muy cansados	wir sind sehr müde
siga todo recto	immer geradeaus
aquel	dieser da
el cruce	die Kreuzung
a la derecha	nach rechts
gire a la derecha	biegen Sie rechts ab
todavía	noch
la autovía	die Schnellstraße
esa	diese
la carretera comarcal	die Landstraße
el viaje	die Reise, die Fahrt
buen viaje	gute Fahrt

zu Erklärungen und Übungen

cerrado, -a	geschlossen
caro, -a	teuer

Neue Wörter und Ausdrücke

allí	dort
desde	von ... aus *(Ort)*, seit *(Zeit)*
ayer	gestern
tercero, -a	dritter
alguno, -a	irgendeiner
ninguno, -a	keiner
por aquí	hier in der Nähe
lejos	weit
cerca	nah
bastante	genug
basta con...	... reicht
es suficiente con...	... reicht
el señor	der Herr
el coche	das Auto

Erklärungen

1 **Demonstrativpronomen** weisen auf etwas hin. Je nach Nähe oder Entfernung zum Sprechenden werden verschiedene Demonstrativpronomen verwendet:

Wenn etwas im Bereich des Sprechenden liegt, verwenden Sie

	Singular	Plural
maskulin	este *dieser hier*	estos
feminin	esta	estas

Außerdem gibt es ein Neutrum: **esto** *dies hier*.

Wenn etwas im Bereich des Angesprochenen liegt, verwenden Sie

	Singular	Plural
maskulin	ese *dieser dort*	esos
feminin	esa	esas

Auch hier gibt es ein Neutrum: **eso** *dieses dort*.

Este bar está cerrado, pero, ¡mira!, ése está abierto.
Diese Bar hier ist geschlossen, aber sieh mal, diese dort ist geöffnet.

Weiter von Sprecher und vom Angesprochenen entfernt Liegendes bezeichnet man mit

	Singular	Plural
maskulin	aquel *jener*	aquellos
feminin	aquella	aquellas

Das Neutrum lautet hier: **aquello** *jenes*.

Wenn die Demonstrativpronomen ohne Substantiv stehen, bekommen sie einen Akzent:
Ese restaurante es muy caro. ¿Vamos a éste?
Dieses Restaurant dort ist sehr teuer. Gehen wir in dieses hier?

Erklärungen

2 **Hay** wird immer dann gebraucht, wenn man darüber redet, ob etwas existiert, ob es etwas gibt:
¿Hay un hotel allí? *Gibt es dort ein Hotel?*

Hay bleibt unverändert, egal, ob es sich auf einen Singular oder einen Plural bezieht:
Hay un hotel. *Es gibt ein Hotel.* Hay muchos hoteles. *Es gibt viele Hotels.*

Hay benutzt man mit dem unbestimmten Artikel, ohne Artikel oder mit Zahlwort:
Hay un hotel. *Es gibt ein Hotel.* Hay tres hoteles. *Es gibt drei Hotels.*
Hay hoteles. *Es gibt Hotels.*

3 **Estar** hat eine Menge Bedeutungen: sein, sich fühlen, liegen, stehen, sich befinden ...

Hier zunächst die Konjugation im Präsens:

estoy	*ich bin*	estamos	*wir sind*
estás	*du bist*	estáis	*ihr seid*
está	*er/sie/es ist*	están	*sie sind*

Estar verwendet man
a) um zu beschreiben, wo etwas ist.
El parador está a 50 kms. *Der Parador ist 50 km entfernt.*
Estamos en España desde ayer. *Wir sind seit gestern in Spanien.*
¿Luisa, dónde estás? *Luisa, wo bist du?*
¡Estoy aquí, mamá! *Hier bin ich, Mama.*

b) um einen Zustand zu beschreiben.
Estamos muy cansados. *Wir sind sehr erschöpft.*
¿Está libre esta mesa? *Ist dieser Tisch hier frei?*

Wenn Sie sich nicht mehr genau an den Gebrauch von **ser** erinnern – jetzt wäre ein guter Zeitpunkt, das Verb zu wiederholen! (s. Lektion 1)

4 Sicher ist Ihnen aufgefallen, daß es der Angestellte am Ende der Lektion **„Buen viaje"** sagt. Sie haben sich gefragt, warum es **buen**, und nicht **bueno** heißt? Nun, einige Adjektive verlieren vor einem maskulinen Substantiv das **-o**. Neben **bueno** haben Sie von diesen Adjektiven auch schon **primero** *erster* kennen gelernt, und zwar im Titel der ersten Lektion: **el primer contacto** *der erste Kontakt*. Die wichtigsten von diesen Adjektiven sind – neben **bueno** und **primero** – **malo** *schlecht*, **tercero** *dritter*, **alguno** *irgendeiner* und **ninguno** *keiner*.

5 **¡Oiga, perdone!** können Sie immer dann verwenden, wenn Sie die Aufmerksamkeit einer Person auf sich lenken wollen, deren Namen Sie nicht kennen; aus Lektion 3 wissen Sie schon, dass man z. B. den Ober mit **¡Oiga, camarero!** rufen kann. Wenn die angeredete Person jung ist und Sie sie duzen wollen, sagen Sie **¡Oye, perdona!**

Erklärungen

6 Folgende Wendungen benötigen Sie, **um nach dem Weg zu fragen**:

¡Oiga, perdone!
Entschuldigung!
¿Hay ... por aquí?
Gibt es hier ...?
¿Dónde está el/la...?
Wo ist der/die ...?
¿Está muy lejos?
Ist es sehr weit?
¿Sabe dónde hay un/una...?
Wissen Sie, wo es ein/eine ... gibt?

Siga todo recto.
Gehen Sie geradeaus.
Gire/Tuerza a la derecha.
Biegen Sie nach rechts ab.
Gire/Tuerza a la izquierda.
Biegen Sie nach links ab.
Está a unos ... mts./kms.
Es ist ungefähr ... m/km von hier.
Está cerca/lejos.
Es ist nah/weit.
Está aquí/allí.
Es ist hier/dort.

7 Über **etwas, das nötig ist**, können Sie mit diesen Wendungen sprechen:

¿Necesita aceite? *Brauchen Sie Öl?*

Sí, por favor. *Ja, bitte.*
No, gracias, tengo bastante. *Nein, danke, ich habe genug.*
No, basta con la gasolina. *Nein, tanken genügt.*
Es suficiente con la gasolina. *Das Benzin reicht.*
No, pero necesito agua. *Nein, aber ich brauche Wasser.*

Übungen

1 Setzen Sie die richtigen Formen der Demonstrativpronomen ein. Und denken Sie daran: Manchmal tragen die Pronomen einen Akzent! Wissen Sie noch, in welchen Fällen?

1) Est........ noche estamos muy cansados.

2) Est........ es una carretera comarcal.

3) Est........ señores son alemanes.

4) Aquel........ hotel está reformado.

5) Est........ edificios son muy antiguos.

6) Est........ es un parador muy bueno.

2 Diese Sätze sind durcheinander geraten. Können Sie die Wörter wieder in die richtige Reihenfolge bringen?

1) - ¿por hay pensión aquí una?
  - 50 sí, unos kms. a.
2) - ¿sabe gasolinera hay dónde una oiga perdone?
  - izquierda sí a tuerza la.
3) - ¿parador muy el está lejos?
  - a kms. está no, tres unos.
4) - ¿autovía es todavía?
  - comarcal ésa una es no carretera.
5) - ¿está Monzón dónde parador el de?
  - cruce la hasta a siga el derecha y.

Übungen

3 Sein oder nicht sein? **Ser**, **hay** oder **estar**?

Joachim: ¿ .... un hotel o una pensión por aquí?

Empleado: Sí, el parador de Monzón .... a unos 50 kms.

Joachim: ¿Parador? ¿Qué .... ?

Empleado: .... un hotel estatal; .... paradores en toda España; .... edificios antiguos que .... reformados.

Joachim: ¡Qué bien! porque .... muy cansados.

4 Hier sehen Sie drei Touristen mit ihren Autos; können Sie ihnen beschreiben, wie sie zum Parador kommen?

1) .... 2) .... 3) ....

....

....

5 Verbinden Sie jeweils eine Frage aus der linken Spalte mit der richtigen Antwort aus der rechten Spalte:

1) ¿Cuánto es todo?
2) ¿Súper o normal?
3) ¿Lleno?
4) ¿Hay un hotel por aquí?
5) ¿Dónde está?
6) ¿Es todavía autovía?

a. Siga todo recto y entonces gire a la izquierda.
b. Sí, a unos tres kms.
c. Súper sin plomo.
d. No, ésa es una carretera comarcal.
e. No, basta con dos mil ptas.
f. Tres mil pesetas.

Übungen

6 In jeder dieser Wortgruppen hat sich ein Eindringling versteckt, ein Wort, das nicht zu den anderen gehört. Können Sie es herausfinden?

1) hotel parabrisas pensión parador
2) carretera autovía edificio cruce
3) viaje gasolina aceite agua
4) izquierda derecha recto empleado

7 Und hier noch eine Übung zu den Demonstrativpronomen:

1) - ¿Es .... la carretera a Monzón?
   - Sí, va bien.
2) - ¿Dónde está el Hotel Central, por favor?
   - Siga todo recto hasta .... cruce y allí está.
3) - .... hoteles no son muy caros.
   - ¡Qué bien!
4) - ¿Dormimos en .... pensión?
   - Sí, estoy muy cansada.
5) - ¿Es .... el coche del Señor Fernández?
   - No, no; es .... de allí.
6) - .... gasolina es sin plomo, ¿verdad?
   - Sí, sí.
7) - ..... edificios de allí son muy antiguos, ¿no?
   - Sí, unos setecientos años.

8 Erinnern Sie sich noch an den Lektionstext? Wenn nicht, lesen Sie ihn noch einmal und sagen Sie dann, ob die folgenden Aussagen wahr oder falsch sind:

1) Stefan necesita gasolina normal.
2) El parador está en la autovía.
3) La limpieza del parabrisas cuesta 100 ptas.
4) El parador de Monzón está a unos diez kms. de la gasolinera.
5) Los paradores son edificios antiguos reformados.

9 Sie haben schon viele Verben gelernt. Möchten Sie sie jetzt wiederholen? Dann füllen Sie die Sätze mit den richtigen Formen folgender Verben aus:

cenar abrir estar vivir poder desear hablar trabajar ser

1) El parador no .... muy lejos.
2) ¿...................... usted en Tenerife? ¡Qué casualidad!, yo también.
3) - Vosotras .... en Iberia, ¿verdad?
   - Sí, ... azafatas.
4) ¿A qué hora .... los españoles?
5) Las tiendas en Alemania no .... los domingos.
6) ¡Ustedes .... muy bien español!
7) - ¡Buenos días, señores!, ¿qué .... tomar?
   - ¿...................... ver la carta?

De visita

In Spanien ist es üblich, bei einer Einladung nach Hause ein wenig später zu kommen; so geben Sie den Gastgebern Gelegenheit, die Vorbereitungen in Ruhe abzuschließen. Meist bringt man einen guten *cava* (katalanischen Sekt), Süßigkeiten oder Blumen mit. Der Empfang ist wenig formell und sehr herzlich: Kinder geben den Gästen meist zwei Küsse auf die Wange. Männer untereinander geben sich die Hand oder klopfen sich auf die Schulter; Frauen untereinander geben sich zwei Küsse auf die Wange, und auch Mann und Frau begrüßen sich so. Häufig bietet die Gastgeberin an, Ihnen das Haus bzw. die Wohnung zu zeigen; sie wird sich freuen, wenn Sie annehmen. Über die Größe von Haus oder Wohnung, die Anzahl der Zimmer, die Miete oder auch Preise für einzelne Einrichtungsgegenstände redet man in Spanien normalerweise nicht.

Lektion 5

La familia Schober visita a una familia española.

Renate: ¡Hola! Perdón, llegamos un poco tarde, es que el tráfico...
Victoria: No importa, no pasa nada. ¡Estás guapísima!
Renate: Gracias. Tú también.
Peter: Esto es para vosotros.
Victoria: Gracias. ¡Uy, bombones!, ¡qué ricos! Ah, mirad, aquí está mi madre: Mamá, éstos son unos amigos de Alemania.
Madre: Encantada.
Victoria: Y aquí vienen nuestros hijos.
Juan: Éste es Daniel y ésta es Lucía.

Los niños les dan dos besos.

Peter: ¡Qué mayores!, casi no les conozco.
Renate: ¡Qué casa tan bonita!
Victoria: ¿Quieres verla?
Renate: Sí, me encantaría.
Victoria: Ésta es la cocina...
Renate: ¡Qué bien!, ¡qué grande! Mi cocina es más pequeña.
Victoria: ...nuestro dormitorio, el dormitorio de Daniel y el de Lucía...
Renate: ¿Cuántos metros cuadrados tiene la casa?
Victoria: Ni idea.
Renate: Nuestra casa es más grande pero es más oscura.
Victoria: Nosotros estamos muy contentos aquí. No es tan grande como la otra casa, pero es más bonita.
Renate: Las vistas son mejores.
Victoria: Sí, y los vecinos más simpáticos. Bueno, y éste es el despacho. Es la habitación más fea de la casa.
Renate: No, no, no está mal.
Victoria: ¡Venga, vamos! ¿Qué queréis tomar?

Neue Wörter und Ausdrücke

de visita	zu Besuch
visitar	besuchen
llegar [3.1]	ankommen
es que	das liegt daran, dass
el tráfico	der Verkehr
guapísimo, -a	wunderschön, sehr hübsch
guapo, -a	schön, hübsch
para	für, um zu
Esto es para vosotros.	Dies ist für euch.
¡uy!	oh!
el bombón	die Praline
qué... *(in Ausrufen)*	+ *Adjektiv/Adverb* wie ...; + *Substantiv* was für ein ...
rico, -a	*hier:* lecker
¡mirad!	Seht mal!
mi	mein(e)
la madre	die Mutter
venir [1.19]	kommen
nuestro, -a	unser
nuestros hijos	unsere Kinder
el niño, la niña	der Junge, das Mädchen
los niños	die Kinder
les	ihnen
dar [1.1]	geben
el beso	der (Begrüßungs-) Kuss *(auf die Wange)*
¡Qué mayores!	Wie groß sie geworden sind!
casi	fast
conocer [2.4]	kennen, kennen lernen
no les conozco	ich erkenne sie nicht (wieder)
bonito, -a	schön
¡Qué casa tan bonita!	Was für ein schönes Haus!
¿Quieres verla?	Willst du es sehen?
me encantaría	gerne, *wörtl.:* es würde mich entzücken
la cocina	die Küche
grande, -	groß
más	mehr
pequeño, -a	klein
más pequeño, -a	kleiner
el dormitorio	das Schlafzimmer
¿cuánto, -a?	wie viel?
el metro cuadrado	der Quadratmeter, *abgekürzt:* m^2
ni idea	keine Ahnung
más grande	größer
oscuro, -a	dunkel
más oscuro	dunkler
contento, -a	glücklich
tan... como	so ... wie
el otro, la otra	der andere, die andere
más bonito	schöner
las vistas	der Ausblick
mejor, -	besser
el vecino	der Nachbar
simpático, -a	freundlich
más simpático	freundlicher
el despacho	das Arbeitszimmer
la habitación	das Zimmer
feo, -a	hässlich
no está mal	es ist nicht schlecht
¡Venga, vamos!	Komm, gehen wir!

zu Erklärungen und Übungen

tanto... como	so viel ... wie
que	als
menos... que	weniger ... als
nuevo, -a	neu
viejo, -a	alt
malo, -a	schlecht
peor, -	schlechter
el (vino) blanco	der Weißwein
mayor, -	älter

Neue Wörter und Ausdrücke

menor, -	jünger
baratísimo, -a	spottbillig
lo siento	tut mir Leid
tengo tiempo	ich habe Zeit
perdón por...	Entschuldigung für ...
el retraso	die Verspätung
la mujer	die (Ehe-)Frau
el marido	der Ehemann
los padres	die Eltern
el padre	der Vater
el hijo, la hija	der Sohn, die Tochter
el hermano, la hermana	der Bruder, die Schwester
mucho gusto	freut mich
el cuarto de baño	das Badezimmer

Erklärungen

1 Bestimmt ist Ihnen eine Besonderheit in der Überschrift des Kapitels aufgefallen: *eine spanische Familie besuchen* heißt **visitar a una familia española**. Wenn das **Akkusativobjekt** eine Person oder mehrere Personen bezeichnet, wird die Präposition **a** vor das Objekt gestellt. Es heißt also:
¿Ves una gasolinera cerca? *Siehst du hier irgendwo eine Tankstelle?* aber:
Veo a Miguel todos los días. *Ich sehe Miguel jeden Tag.*

2 Wenn Sie **Vergleiche** anstellen möchten, gibt es mehrere Möglichkeiten:

a) Um Gleichheit auszudrücken, verwenden Sie **tan... como** *so ... wie* oder **tanto... como** *so viel ... wie/so viele ... wie*:
Esta casa es tan grande como la otra.
Dieses Haus ist genauso groß wie das andere.
Yo no como tanto como tú.
Ich esse nicht so viel wie du.
Esta casa tiene tantas habitaciones como un hotel.
Dieses Haus hat so viele Zimmer wie ein Hotel.

b) Um Überlegenheit bzw. Unterlegenheit auszudrücken, verwenden Sie den Komparativ. Er wird mit **más... que** *mehr ... als* bzw. **menos... que** *weniger ... als* gebildet:
La nueva casa de Olga y Pedro es más grande que la vieja.
Das neue Haus von Olga und Pedro ist größer als das alte.
Juan come menos que Luisa.
Juan isst weniger als Luisa.

Einige Wörter haben eine eigene, unregelmäßige Form für den Komparativ, z. B.
bueno *gut* – mejor *besser* malo *schlecht* – peor *schlechter*
En este bar el vino tinto es mejor que el blanco.
In dieser Kneipe ist der Rotwein besser als der Weißwein.

Bei **grande** *groß* und **pequeño** *klein* wird die Form für den Komparativ je nach Bedeutung unterschiedlich gebildet:
grande *groß* – más grande *größer*
aber: mayor *älter*
pequeño *klein* – más pequeño *kleiner*
aber: menor *jünger*

¡Los niños están muy mayores!
Die Kinder sind aber groß geworden!

Diese Sonderformen sind im Maskulinum und Femininum gleich:
Este periódico es mejor.
Diese Zeitung ist besser.
Esta revista es mejor.
Diese Zeitschrift ist besser.

Bei der Pluralbildung richten sie sich nach denselben Regeln wie alle anderen Adjektive. Wenn Sie sich nicht mehr genau daran erinnern, wie man bei Adjektiven den Plural bildet, sehen Sie gleich noch einmal in Lektion 3 nach – eine gute Gelegenheit für eine Wiederholung.

c) Um Überlegenheit bzw. Unterlegenheit auszudrücken ohne direkt zu vergleichen, verwenden Sie den **Superlativ**. Sie bilden ihn, indem Sie den bestimmten Artikel **el** bzw. **la** oder – für das Neutrum – **lo** vor den Komparativ stellen:

el la lo	+	más menos	+	Adjektiv

Este país es el más bonito.
Dieses Land ist das schönste.
Esta habitación es la más oscura.
Dieses Zimmer hier ist das dunkelste.

Selbstverständlich kann man diese Sätze auch noch ergänzen:
Este país es el más bonito que hay.
Dieses Land ist das schönste, das es gibt.

Einige Wörter haben eine eigene, unregelmäßige Form für den Superlativ, z. B.
bueno *gut*
el/la/lo mejor *der/die/das beste*
malo *schlecht*
el/la/lo peor *der/die/das schlechteste*

Zu **grande** und **pequeño** gibt es zwei Superlative mit unterschiedlichen Bedeutungen:
grande *groß*
el/la/lo más grande *der/die/das Größte*
el/la/lo mayor *der/die/das Älteste*

pequeño *klein*
el/la/lo más pequeño *der/die/das Kleinste*
el/la/lo menor *der/die/das Jüngste*

Einen sehr hohen Grad einer Eigenschaft kann man auch durch die Verwendung der Endung **-ísimo** bzw. **-ísima** ausdrücken:
El café es baratísimo.
Der Kaffee ist spottbillig.
¡Estás guapísima!
Du siehst wunderbar aus!

3 Folgende Ausdrücke brauchen Sie, wenn Sie **um Entschuldigung bitten** möchten:

¡Perdón! *Entschuldigung!*
¡Lo siento! *Es tut mir Leid!*
Perdón, pero es que no tengo tiempo.
Entschuldigung, aber ich habe keine Zeit.

No pasa nada. *Macht nichts.*
No importa. *Macht nichts.*

Wenn Sie nach **perdón** ein Substantiv verwenden, so müssen Sie es mit **por** anschließen:

Perdón por el retraso.
Entschuldigung für die Verspätung.

Erklärungen

4 Wenn Sie **Bewunderung äußern** möchten, können Sie das mit der Konstruktion **qué** + Adjektiv, Substantiv oder Adverb in der Bedeutung *wie* ... oder mit **qué** + Substantiv + **tan** + Adjektiv, *was für ein(e)* ...:

¡Qué rico! *Wie lecker!*
¡Qué bien! *Wie gut!*
¡Qué casa tan bonita!
Was für ein schönes Haus!
¡Qué bombones tan ricos!
Was für leckere Bonbons!

5 **Die Familie**

Victoria es **la mujer** de Juan.
*Victoria ist Juans **Frau**.*
Juan es **el marido** de Victoria.
*Juan ist Victorias **Mann**.*
Juan y Victoria son **los padres**: Juan es **el padre**, y Victoria es **la madre**.
*Juan und Victoria sind die **Eltern**: Juan ist **der Vater**, und Victoria ist **die Mutter**.*
Daniel y Lucía son **los hijos**: Daniel es **el hijo**, y Lucía es **la hija**.
*Daniel und Lucía sind **die Kinder**: Daniel ist **der Sohn**, und Lucía ist **die Tochter**.*
Daniel y Lucía son **hermanos**: Daniel es **el hermano**, y Lucía es **la hermana**.
*Daniel und Lucia sind **Geschwister**: Daniel ist **der Bruder**, und Lucía ist **die Schwester**.*

6 So können Sie **jemanden vorstellen**:

Ésta es mi mujer. *Das ist meine Frau.*
Encantado, -a. *Sehr erfreut.*

Éstos son unos amigos de Alemania.
Das sind Freunde aus Deutschland.
Mucho gusto. *Sehr erfreut.*
Hola, ¿qué tal? *Hallo, wie geht's?*

Ésta es mi madre. *Das ist meine Mutter.*
Encantado, -a. *Sehr erfreut.*

7 Im Text haben Sie die Aufforderung **¡Venga, vamos!** Komm, wir gehen! kennen gelernt. Sie können auch nur **¡Venga!** oder nur **¡Vamos!** sagen, dann ist die Aufforderung deutlicher, direkter. Wenn Sie eher einen Vorschlag machen möchten, können Sie den Aufforderungscharakter ein wenig zurücknehmen, indem Sie beide Wörter zusammen verwenden.

Übungen

1 Sie erinnern sich noch an den Lektionstext? Dann können Sie auch sagen, ob die folgenden Aussagen wahr oder falsch sind:

1) La cocina de Victoria es más pequeña que la cocina de Renate.
2) La casa de Renate es más grande que la casa de Victoria.
3) La casa de Victoria es más oscura que la casa de Renate.
4) Las vistas de la casa nueva son peores.
5) Los vecinos de la casa nueva son más simpáticos.
6) El despacho es más bonito que las otras habitaciones.

2 Bilden Sie von den Grundformen jeweils den Superlativ auf **-ísimo** bzw. **-ísima**:

pequeña ....

mucho ....

grande ....

tarde ....

contenta ....

3 Nun ist Ihre Kombinationsgabe gefragt: Bilden Sie Sätze, in denen aus jeder Spalte jeweils ein Element vorkommt.

Los bombones		guapísima.
La casa		grande.
La señora	está	ricos.
Los amigos	es	mejores.
La cocina	son	feo.
Los señores	están	simpáticos.
Las vistas		alemanes.
Los vecinos		bonita.
El despacho		contentos.

4 Übersetzen Sie:

1) Das ist das teuerste Restaurant, das es in Madrid gibt.
2) Dies ist der sympathischste Kellner des Restaurants.
3) Das ist der beste Wein, den ich habe.
4) Das Arbeitszimmer ist das hässlichste Zimmer des Hauses.

5 In jeder dieser Wortgruppe hat sich ein Eindringling versteckt. Können Sie ihn herausfinden?

1) cocina dormitorio despacho bombones cuarto de baño
2) oscura grande bonita pequeña visita
3) vistas besos vecinos metros cuadrados habitaciones
4) tráfico familia madre hijos marido
5) peor mejor nuestro mayor menor

6 Wenn Sie Ihrer Begeisterung Ausdruck verleihen möchten, verwenden Sie am besten **qué**. Wie würden die folgenden Sätze dann lauten?
Hier zunächst ein Beispiel: La casa es bonita. → ¡Qué casa tan bonita!

1) Los bombones están ricos.

....

2) El vino es bueno.

....

3) Los señores son simpáticos.

....

4) La cocina es grande.

....

7 Und nun geht es um die lieben Verwandten. Vervollständigen Sie die Sätze mit Hilfe des Lektionstextes:

1) Juan es .... de Victoria.

2) Victoria es .... de Juan.

3) Daniel es .... de Juan.

4) Lucía es .... de Daniel.

5) Victoria es .... de Daniel y Lucía.

8 Verbinden Sie die Sätze in der linken Spalte mit den Reaktionen in der rechten:

1) Perdón por el retraso.
2) Manuel, ésta es mi madre.
3) Toma, esto es para ti.
4) ¡Qué casa tan bonita!
5) Es una habitación muy fea.

a. Gracias, ¡qué bonito!
b. No importa, no pasa nada.
c. ¿Quieres verla?
d. No, no está mal.
e. Encantado.

9 In welchen dieser Sätze müssen Sie **a** verwenden? Wenn Sie die Regel nicht mehr kennen, sehen Sie unter Punkt 1 der Erklärungen nach.

1) ¿Conoce usted ..... el restaurante „Casa Paco"?

2) ¿Quiere usted conocer ..... nuestros hijos?

3) Los niños no beben ..... vino.

4) No conozco ..... María Rico.

5) ¿Ves mucho ..... Lucía?

6) ¿Quieres ver ..... la casa?

10 Stellen Sie Ihre Verwandten und Freunde vor. Dafür verbinden Sie am besten die beiden Spalten:

1) Ésta es	mis hijos, Lucía y Santi.
2) Éstos son	mi hermano, Manuel.
3) Éstas son	mi madre, Pilar.
4) Éste es	mis amigas de Tenerife, Ana y Lola.

Lektion 6

Sie möchten zu einem Stierkampf und haben keine Zeit mehr, mit dem Bus hinzufahren? Gehen Sie einfach auf die Straße und winken Sie ein vorbeifahrendes Taxi heran. An dem kleinen grünen Licht auf dem Dach und dem Schild *libre* (frei) erkennen Sie, dass es frei ist. Der Fahrer wird Sie schnell zur *plaza de toros* (Stierkampfarena) bringen.
Ungefähr 500 Stierkämpfe finden in Spanien von Ostern bis Oktober statt. Seinen Ursprung hat der Stierkampf vermutlich in Kreta und Ägypten. In Spanien hat er eine lange Tradition. Die Fiesta wird immer vom Pasodoble begleitet, einer Musik mit einem heiteren Rhythmus, auf den man auch paarweise tanzen kann. Häufig wurde der Stierkampf in der Kunst dargestellt, z. B. bei Goya oder Picasso; Hemingway, Montherlant u.a. haben in ihren Büchern Stierkämpfe beschrieben. Auch wenn der Stierkampf heute von Tierschützern im In- und Ausland heftig angegriffen wird, hat dies seiner Beliebtheit in Spanien kaum Abbruch getan. Übrigens: Falls Sie auch kein freies Taxi mehr finden: die wichtigsten Kämpfe werden auch im Fernsehen übertragen.

¡Taxi!

Lena y su marido buscan un taxi para ir a los toros.

Lena: ¿Está libre?
Taxista: Sí, ¿a dónde quieren ir?
Lena: A la plaza de toros.
Taxista: Muy bien.
Lena: ¿Puede ir más deprisa , por favor? Tenemos que estar allí antes de las cinco.
Taxista: Sí, no se preocupe.
Helmut: ¿Puedo abrir la ventana?
Taxista: No, lo siento, pero es que esa ventana está rota. Abro ésta mejor.
Helmut: Muchas gracias.
Taxista: Ustedes son extranjeros, ¿verdad?
Lena: Sí, yo soy alemana y mi marido es austríaco.
Taxista: ¡Pues saben hablar muy bien español!
Lena: Es que nuestro hijo vive en España. Su mujer es española.

Taxista: ¿Desde cuándo vive aquí su hijo?
Helmut: Desde hace cinco años. ¡Ay!, ¿puede parar aquí, por favor?
Taxista: ¡Por supuesto!
Lena: Ahí veo a nuestros amigos. ¿Puedes darme el sombrero?
Helmut: Sí, toma.

Salen del taxi.

Helmut: ¡Hola! ¿Hace mucho que esperáis?
Roberto: No, no te preocupes. Desde hace cinco minutos.
Lena: ¡Qué ilusión ver una corrida de toros!
Cristina: ¿Tenéis vuestras entradas?
Lena: Sí, sí, pero yo tengo que ir a los lavabos primero, ¿me esperáis aquí?
Cristina: ¡Claro!

Neue Wörter und Ausdrücke

el taxi	das Taxi
su	sein(e), ihr(e), Ihr(e)
el marido	der Ehemann
el toro	der Stier
ir [1.8] a los toros	zum Stierkampf fahren
¿Está libre?	Sind Sie frei?
¿a dónde?	wohin?
¿A dónde quieren ir?	Wohin möchten Sie (fahren)?
la plaza de toros	die Stierkampfarena
muy bien	*hier:* in Ordnung
poder [1.10]	dürfen
deprisa	schnell *(Adverb)*
tener [1.17] que	müssen
tenemos que	wir müssen
no se preocupe	keine Sorge, *wörtl.:* kümmern Sie sich nicht darum
la ventana	das Fenster
lo siento	es tut mir Leid
pero es que	*hier:* aber, *wörtl.:* aber das liegt daran, dass
roto, -a	kaputt
el extranjero	der Ausländer
el austríaco	der Österreicher
saber [1.13]	wissen, können
el español	Spanisch *(die Sprache),* der Spanier
pues saben hablar muy bien español	Sie sprechen aber sehr gut Spanisch
desde	seit *(s. Erklärungen)*
desde hace	seit *(s. Erklärungen)*
¡Ay!	Ah!
parar	anhalten
¡Por supuesto!	Natürlich!
ahí	da
el sombrero	der Hut
¿Puedes darme el sombrero?	Kannst du mir den Hut geben?
salir [1.14]	aussteigen
hacer [1.7]	machen
¿Hace mucho que...?	... schon lange?
esperar	warten
¿Hace mucho que esperáis?	Wartet ihr schon lange?
¡Qué ilusión...!	Wie ich mich freue ...!
la entrada	die Eintrittskarte
la corrida de toros	der Stierkampf
vuestro, -a	euer, eure
tengo que ir	ich muss gehen
los lavabos	die Toilette
primero	zuerst
¿Me esperáis?	Wartet ihr auf mich?
¡Claro!	Natürlich!

zu Erklärungen und Übungen

trabajar	arbeiten
hay que	man muss
puntual, -	pünktlich
esquiar [2.6]	Ski fahren
se puede	man kann
despacio	langsam *(Adverb)*
hace... que	seit
el cigarrillo	die Zigarette
fumar	rauchen
el alemán	Deutsch (*die Sprache*)
el coche	das Auto
viajar	reisen, *hier:* fahren
estudiar	lernen
¿Cuánto cuesta...?	Wie viel kostet ...?
la calle	die Straße
lejos	weit

Erklärungen

1 **Dürfen** wird mit **poder** übersetzt.
Darf ich das Fenster öffnen?
¿Puedo abrir la ventana?
Ich darf keine Bonbons essen.
No puedo comer bombones.

2 **Müssen** heißt **tener que**.
Ich muss arbeiten. Tengo que trabajar.

Man muss übersetzen Sie mit **hay que**:
Man muss pünktlich sein.
Hay que ser puntual.

3 **Können** wird auf zwei Arten übersetzt:
Wenn es die Bedeutung von *gelernt haben*, *wissen* oder *in der Lage sein* hat, heißt *können* **saber**:
Sie kann sehr gut Spanisch.
Sabe hablar muy bien español.
Kannst du Ski fahren? ¿Sabes esquiar?

In allen anderen Fällen heißt *können* **poder**:
Es tut mir Leid, aber man kann das Fenster nicht öffnen. Es ist kaputt.
Lo siento, pero no se puede abrir la ventana. Está rota.
Ich kann nicht mehr, ich bin fix und fertig.
¡No puedo más!, ¡estoy cansadísima!

4 **Possessivpronomen** geben an, wem etwas gehört. Sie stehen unmittelbar vor dem Substantiv und richten sich – wie ein Adjektiv – in Genus und Numerus nach ihm. Die Formen lauten:

Singular	Plural
mi *mein, -e*	mis *meine*
tu	tus
su	sus
nuestro, -a	nuestros, -as
vuestro, -a	vuestros, -as
su	sus

Sie haben sicherlich gemerkt, dass es nur für die 1. und 2. Person Plural eine eigene Form für das Femininum gibt. In allen anderen Personen sind Femininum und Maskulinum gleich.
mi marido *mein Mann*
mi mujer *meine Frau*
nuestro hijo *unser Sohn*
nuestra hija *unsere Tochter*
nuestros hijos *unsere Söhne*
nuestras hijas *unsere Töchter*

5 **Um Erlaubnis bitten** können Sie mit **puedo** + Infinitiv:

¿Puedo abrir la ventana?
Kann ich das Fenster öffnen?

Sí, por supuesto. *Ja, selbstverständlich.*
Sí, claro. *Ja, klar.*
No, lo siento, pero es que está rota.
Nein, tut mir Leid, aber es ist kaputt.

6 Vielleicht möchten Sie einmal jemanden **um einen Gefallen bitten**? Dann verwenden Sie am besten **puede** bzw. **puedes** + Infinitiv:

¿Puedes darme el sombrero?
Kannst du mir den Hut geben?

Sí, claro, toma. *Ja, klar, nimm.*
Lo siento, pero no está aquí.
Tut mir Leid, aber er ist nicht da.

¿Puede hablar más despacio, por favor?
Können Sie bitte langsamer sprechen?

Sí, claro. *Ja, klar.*
Sí, por supuesto. *Ja, selbstverständlich.*

Sie können aber – wie im Deutschen – eine Frage auch ohne **poder** formulieren:
¿Me esperáis? *Wartet Ihr auf mich?*
Sí, claro. *Ja, klar.*

Erklärungen

7 **¿Desde cuándo?/Desde/Desde hace/Hace... que** benötigen Sie, um zu fragen oder zu sagen, seit wann eine Situation besteht.

¿Desde cuándo...? *Seit wann ...?* ¿Hace mucho que ...? *... schon lange?*	Desde... *Seit ... (zur Angabe eines Zeitpunktes)* Desde hace... *Seit ... (zur Angabe eines Zeitraumes)* Hace *(+ Zeitraum)* que... *Seit ... (zur Angabe eines Zeitraumes)*
¿Desde cuándo vive aquí? *Seit wann lebt er hier?* ¿Hace mucho que vive aquí? *Lebt er schon lange hier?*	Desde hace cinco años. *Seit fünf Jahren. (Zeitraum)* Hace cinco años que vive aquí. *Er lebt seit fünf Jahren hier. (Zeitraum)* Desde 1992. *Seit 1992. (Zeitpunkt)*

Übungen

1 Erinnern Sie sich noch an den Lektionstext? Dann können Sie sicherlich die folgenden Fragen beantworten:

1) ¿Por qué no puede Helmut abrir la ventana?
2) ¿Desde cuándo vive el hijo de Lena y Helmut en España?
3) ¿A qué hora empieza la corrida?
4) ¿De dónde son Lena y Helmut?
5) ¿Desde cuándo esperan Roberto y Cristina?

2 Die Wörter dieser Sätze sind durcheinander geraten. Können Sie sie wieder in die richtige Reihenfolge bringen?

1) ¿despacio, hablar puede más por favor?
2) ir yo los tengo lavabos que a
3) ¿cigarrillo el taxi puedo en fumar un?
4) esta siento, rota lo está pero ventana
5) sabe bien usted español hablar muy
6) allí cinco que las tenemos antes estar de

3 Übersetzen Sie ins Spanische:

1) Ich muss um halb zehn in der Bar sein.
2) Sara kann Spanisch und Deutsch.
3) Können Sie bitte langsamer fahren?
4) Wir müssen vor fünf an der Stierkampfarena sein.
5) Kann ich hier einen Moment anhalten?

4 Mein, dein, sein ...? Setzen Sie die richtigen Possessivpronomen ein:

1) .... marido es austríaco pero vivimos en Alemania.
2) .... hijo vive en España desde hace cinco años.
3) .... mujer es alemana.
4) Toma Lena, ... sombrero.
5) ¿Tenéis .... entradas? Sí, aquí están.
6) Helmut quiere abrir .... ventana pero está rota.
7) .... coche está en Alemania; aquí viajamos en taxi.

5 Desde, desde hace oder hace que?

1) Vivo aquí .... tres años.

2) El restaurante está abierto .... las ocho.

3) .... un año .... estudio español.

4) Estoy en el bar .... una hora.

5) .... diez minutos .... espero aquí.

6 Vervollständigen Sie die Sätze mit den folgenden Wörtern:

español más deprisa dejar propina el vino la ventana ir a tu casa

1) ¿Puede ir ....?

2) ¿Puedo abrir ....?

3) ¿Puedes darme ....?

4) ¿Sabe hablar ....?

5) ¿Tienes que ....?

6) ¿ Hay que ....?

7

Lesen Sie sich zunächst die folgenden Fragen durch. Dann hören Sie sich auf der Audio-Kassette den Dialog an und versuchen Sie, die Fragen zu beantworten.

1) ¿A dónde van Alicia y Javier?
2) ¿A qué hora tienen que estar allí?
3) ¿Hace mucho que esperan un taxi?
4) ¿Qué día de la semana es?
5) ¿Por qué no para en el restaurante?
6) ¿Cuánto cuesta el taxi?

8 Welche Antwort gehört zu welcher Frage?

1) ¿De dónde es su marido?
2) Éste es nuestro dormitorio.
3) ¡Niños!, ¿dónde están vuestros sombreros?
4) Ésta es mi madre.
5) Su mesa, Señor Gorostiza.
6) ¿Es muy grande tu casa?
7) ¿Cómo se llaman tus padres?

a. Muchas gracias.
b. No, es pequeña.
c. De Austria.
d. Julio y Sofía.
e. ¡Qué bonito!
f. En el dormitorio.
g. ¡Encantado!

Sonne, Wärme, strahlend blauer Himmel – das verbinden viele Touristen mit Spanien. Wenn man aber verschiedene Regionen Spaniens bereist, stellt man bald fest, dass es mehrere, sehr unterschiedliche Klimazonen gibt.

Im Süden und Osten herrscht das gemäßigte, warme Mittelmeerklima mit warmen, trockenen Sommern und milden Wintern. Im Südosten, um Murcia und Almería, steigen im Sommer die Temperaturen auf über 40 Grad; im Sommer regnet es selten, und wenn auch der Vorjahreswinter trocken war, muss das Wasser rationiert werden. Auf der im Zentrum gelegenen spanischen *meseta* (Hochebene) ist das Klima extrem: im Sommer ist es dort geradezu drückend heiß, im Winter wird es sehr kalt. Gemäßigt sind die Temperaturen im Norden und am Atlantik; hier kann es das ganze Jahr über regnen.

In den Pyrenäen, aber auch in den Kordilleren und in der Sierra Nevada fällt im Winter Schnee.

España

Lektion 7

Kathrin está de vacaciones en España. En este momento está hablando con un empleado de su hotel.

Kathrin: ¡Qué rabia!, ¡está lloviendo!

Empleado: Nosotros estamos contentos porque hace mucha falta.

Kathrin: ¿Es que no llueve nunca?

Empleado: En general poco, pero depende de la parte de España. Aquí el clima es muy variado.

Kathrin: ¿Puede explicármelo mejor?

Empleado: ¡Sí, claro! De España se tiene una idea falsa. Los extranjeros creen que aquí todo son playas y sol. Y no es así.

Kathrin: ¿Ah no?

Empleado: No. En la zona atlántica y en el norte llueve mucho y el clima es templado. Hay muchas montañas y todo es muy verde.

Kathrin: Pero en la zona mediterránea y en las islas hace calor...

Empleado: Sí, allí sí.

Kathrin: ¿Y en el centro?

Empleado: El centro es una meseta y tiene temperaturas extremas; mucho calor en verano y mucho frío en invierno, y sobre todo, poca lluvia.

Kathrin: Pero en Andalucía no hace frío.

Empleado: No, aquí el invierno es muy templado y en verano hace muchísimo calor. Y en las montañas se puede esquiar.

Kathrin: ¿Y lluvia?

Empleado: Muy poca. Por eso estamos tan contentos hoy. Casi siempre tenemos problemas de sequía y hay restricciones de agua.

Kathrin: En cambio en Alemania nos alegramos con cada rayo de sol, porque para nosotros la lluvia es normal.

es muy variada

Neue Wörter und Ausdrücke

variado, -a	vielseitig
estar de vacaciones	Urlaub machen
el momento	der Moment
estar hablando	gerade sprechen
con	mit
¡Qué rabia!	Wie ärgerlich!
llover [2.1]	regnen
está lloviendo	es regnet gerade
hace mucha falta	es ist sehr nötig
no... nunca	nie
en general	im Allgemeinen
poco, -a	wenig
depende de...	es kommt auf ... an
la parte	der Teil
el clima	das Klima
¿Puede explicármelo?	Können Sie mir das erklären?
claro	klar
se tiene	man hat
la idea	die Vorstellung
falso, -a	falsch
la playa	der Strand
el sol	die Sonne
así	so
la zona	die Gegend
atlántico, -a	atlantisch
el norte	der Norden
templado, -a	gemäßigt
las montañas	die Berge
verde, -	grün
mediterráneo, -a	Mittelmeer-
la isla	die Insel
el calor	die Hitze
hace calor	es ist heiss
el centro	das Zentrum
la meseta	die Hochebene
la temperatura	die Temperatur
extremo, -a	extrem
el frío	die Kälte
el invierno	der Winter
sobre todo	vor allem
la lluvia	der Regen
Andalucía	Andalusien
hace frío	es ist kalt
esquiar [2.6]	Ski fahren
por eso	deshalb
hoy	heute
el problema	das Problem
tener problemas	Probleme haben
la sequía	die Dürre
las restricciones de agua	die Wasserbeschränkungen
en cambio	hingegen
nos alegramos con	wir freuen uns über
cada *(unveränderlich)*	jede(r)
el rayo de sol	der Sonnenstrahl

zu Erklärungen und Übungen

el tiempo	das Wetter
nieva	es schneit
está nevando	es schneit gerade
está nublado	es ist bewölkt
hace buen tiempo	es ist schön
hace sol	die Sonne scheint
el sur	der Süden
el este	der Osten
el oeste	der Westen
enero	Januar
febrero	Februar
marzo	März
abril	April
mayo	Mai
junio	Juni
julio	Juli
agosto	August
septiembre	September
octubre	Oktober
noviembre	November
diciembre	Dezember
la primavera	der Frühling
el otoño	der Herbst
la costa	die Küste
el paisaje	die Landschaft

Erklärungen

1 Die Konstruktion **estar + Gerundium** verwenden Sie, um auszudrücken, was in diesem Moment passiert.
¡Qué rabia!, ¡está lloviendo y no podemos ir a la playa!
Wie ärgerlich! Es regnet, und wir können nicht an den Strand gehen.

Das Gerundium bilden Sie folgendermaßen:

Infinitivendung	Endung des Gerundiums	Beispiel
-ar	-ando	hablar → hablando
-er	-iendo	llover → lloviendo
-ir	-iendo	vivir → viviendo

Das Gerundium selbst hat weder Genus noch Numerus. Es bleibt immer gleich. Denken Sie bei **estar** + Gerundium aber daran, dass Sie **estar** konjugieren müssen:
María está hablando. *Maria redet gerade.*
Pedro y Carmen están hablando. *Pedro und Carmen reden gerade.*

2 Im Deutschen wird für **unpersönliche Wendungen** oft „man" oder das Passiv verwendet. Im Spanischen wird das Passiv ganz selten gebraucht. Um auf Spanisch etwas unpersönlich auszudrücken, gibt es zwei Möglichkeiten:

a) **se** + dritte Person Singular:
De España se tiene una idea falsa. *Man hat eine falsche Idee von Spanien.*
En Alemania se habla mucho del tiempo. *In Deutschland redet man viel über das Wetter.*

b) die dritte Person Plural:
De España tienen una idea falsa. *Man hat eine falsche Vorstellung von Spanien.*
En Alemania hablan mucho del tiempo. *In Deutschland redet man viel über das Wetter.*

3 Wenn Sie **muy** und **mucho** verwenden, sollten Sie Folgendes beachten:

Muy steht bei Adjektiven und Adverbien:
España tiene un clima muy variado. *Spanien hat ein sehr vielfältiges Klima.*
Luisa habla muy deprisa. *Luisa spricht sehr schnell.*

Mucho verwendet man mit Substantiven; es richtet sich in Genus und Numerus nach ihnen:
mucho calor *große Hitze*   muchas montañas *viele Berge*

Mucho steht auch bei Verben:
En el Norte llueve mucho. *Im Norden regnet es viel.*

Lektion 7

Erklärungen

4 Und nun zum **Wetter**:

llueve *es regnet* (Infinitiv: llover)
está lloviendo *es regnet gerade*
nieva *es schneit* (Infinitiv: nevar)
está nevando *es schneit gerade*
está nublado *es ist bewölkt*
hace frío *es ist kalt*
hace calor *es ist heiß*
hace buen tiempo *es ist schön*
hace sol *die Sonne scheint*

5 **Orientierungspunkte** auf der Landkarte:

en el norte *im Norden*
en el sur *im Süden*
en el este *im Osten*
en el oeste *im Westen*
en el centro *im Zentrum*

6 Wenn Sie über das Wetter reden, aber auch in Gesprächen über den Urlaub und bei vielen anderen Unterhaltungen werden Sie die Wörter für die **Monate und Jahreszeiten** brauchen:

enero *Januar*	julio *Juli*
febrero *Februar*	agosto *August*
marzo *März*	septiembre *September*
abril *April*	octubre *Oktober*
mayo *Mai*	noviembre *November*
junio *Juni*	diciembre *Dezember*

primavera *Frühling*
verano *Sommer*
otoño *Herbst*
invierno *Winter*

Bei Monaten und Jahreszeiten heißt *in, im* **en**:
en agosto *im August*
en verano *im Sommer*

Lektion 7

Übungen

1 Erinnern Sie sich noch an den Lektionstext?

1) ¿Dónde llueve mucho?
2) ¿Dónde hace mucho frío en invierno?
3) ¿Dónde es muy verde?
4) ¿Dónde son los inviernos templados?

2 In jeder dieser Wortgruppen hat sich ein Eindringling versteckt. Finden Sie ihn?

1) lluvia nieve sol sequía centro
2) montañas vacaciones playas mesetas costas
3) contento templado calor frío extremo
4) verano otoño agosto invierno primavera
5) norte este oeste siesta sur

3 Können Sie sagen, was für ein Wetter wir haben?

1) está lloviendo

2) ....

3) ....

4) ....

5) ....

Übungen

4 Im Urlaub hat man immer eine Menge zu tun. Was tun die Personen auf den Bildern gerade?

1) .... 2) ....

3) .... 4) ....

5 **Muy** oder **mucho**, das ist hier die Frage:

1) En Andalucía hace .... calor en verano.

2) El paisaje de España es .... variado.

3) ¡Estás hablando .... deprisa!

4) En Sierra Nevada nieva ....

5) En España hay .... sequía.

6 Wie wird das Wetter heute in Spanien?

7 Bevor man das erste Mal in ein Land reist, hat man oft eine ganze Menge fester Vorstellungen, wie sich das Leben dort abspielt, zum Beispiel ...

1) Los españoles comen tarde.
   Se come tarde en España.

2) Los españoles beben coñac.

   ....

3) Los españoles hablan muy deprisa.

   ....

4) Los españoles llegan siempre tarde.

   ....

5) Los españoles duermen la siesta.

   ....

6) Los españoles comen muchas aceitunas.

   ....

   ....

Wenn Sie dann einige Zeit im Land verbracht haben, werden Sie feststellen:

7) Los extranjeros tienen una idea falsa de España.

   ....

   ....

8 Übersetzen Sie:

1) Im Winter ist es kälter als im Sommer.
2) Im Süden ist es wärmer als im Norden.
3) Im Zentrum regnet es nicht so viel wie im Norden.
4) Im Süden gibt es nicht so viele Berge wie im Norden.
5) Auf der Hochebene regnet es weniger als in den Bergen.
6) Der Norden ist grüner als der Süden.

De compras

Die Spanier sind liebenswürdige und offene Leute. Das werden Sie sicherlich auch beim Einkaufen feststellen: Vor allem in den kleineren Geschäften fangen die Verkäufer ein Gespräch mit Ihnen an; woher Sie kommen, wie Ihnen Spanien gefällt, wie lange Sie noch bleiben sind beliebte Fragen, aus denen sich auch einmal eine längere Unterhaltung ergibt. Das nette Gespräch sollte Sie jedoch nicht zu dem Versuch verleiten, den Preis herunterzuhandeln. Es gibt nur noch *precios fijos* (Festpreise), handeln wird nicht gerne gesehen. Haben Sie sich dann für etwas entschieden, wird der Verkäufer Sie vielleicht fragen, ob er es Ihnen als Geschenk verpacken soll und es Ihnen dann besonders schön einpacken.

Beim Einkaufen wird Ihnen sicherlich auch der *duro* begegnen: *Duro* ist die Bezeichnung für die 5-Peseten-Münze. Oft wird ein Preis in *duros* genannt, man sagt dann z. B. *veinte duros* statt *cien pesetas*.

Lektion 8

Vendedor: ¿Qué desea?
Christoph: Quisiera comprar un par de zapatos.
Vendedor: ¿De qué color?
Christoph: Negros.
Vendedor: ¿De piel?
Christoph: Sí, claro.
Vendedor: ¿Y el número?
Christoph: El cuarenta y dos.

Christoph se prueba los zapatos.

Vendedor: ¿Qué tal?
Christoph: Bien, me gustan. ¿Qué precio tienen?
Vendedor: 8.400 ptas.
Christoph: Muy bien, me los llevo.
Vendedor: ¿Algo más?
Christoph: Sí, quisiera un bolso de señora. Es para mi novia.
Vendedor: ¿Clásico o moderno?
Christoph: Lo quiero moderno. O mejor, ¿tienen mochilas?
Vendedor: Sí, ¿en negro?
Christoph: Sí.

El vendedor le enseña unas mochilas.

Christoph: Me gusta ésta. ¿Cuánto cuesta?
Vendedor: 12.000 ptas. Es de piel.
Christoph: Vale, me la llevo también.
Vendedor: ¿Se la envuelvo para regalo?
Christoph: ¡Ah gracias!, ¡estupendo!
Vendedor: Pague en caja, por favor.
Christoph: Gracias y adiós.
Vendedor: Gracias a usted.

Neue Wörter und Ausdrücke

de compras	beim Einkaufen
el vendedor, la vendedora	der Verkäufer, die Verkäuferin
quisiera	ich möchte gern
comprar	kaufen
el par	das Paar
los zapatos	die Schuhe
el color	die Farbe
¿De qué color?	In welcher Farbe?
negro, -a	schwarz
la piel	*hier:* das Leder
el número	die Größe
se prueba	er, sie, es probiert an
¿Qué tal?	Wie passt es?, Wie passen sie?
gustar	gefallen
me gustan	sie gefallen mir
el precio	der Preis
¿Qué precio tienen?	Wie teuer sind sie?
llevar	mitnehmen
me los llevo	ich nehme sie, *wörtl.:* ich nehme sie mir mit

el bolso	die Tasche
de señora	für Damen
la novia	die Freundin
clásico, -a	klassisch
moderno, -a	modern
o mejor	oder besser
la mochila	Rucksack
enseñar	zeigen
me gusta	er, sie, es gefällt mir
¿Cuánto cuesta?	Wie viel kostet sie?
vale	in Ordnung
envolver [2.1]	einpacken
el regalo	das Geschenk
¿Se la envuelvo para regalo?	Soll ich sie Ihnen als Geschenk ein-packen?
estupendo, -a	toll
pague	bezahlen Sie
la caja	die Kasse

zu Erklärungen und Übungen

enseguida	sofort
regalar	schenken
¿Cómo lo quiere?	Wie soll er, sie, es denn sein?
las sandalias	die Sandalen
les llevo	ich schenke ihnen ..., ich bringe ihnen ... mit
la botella	die Flasche
la profesora	die Lehrerin
el libro	das Buch
el compacto	die CD
el flamenco	der Flamenco
el abanico	der Fächer
escribir	schreiben
la postal	die Postkarte
el material	das Material
caro, -a	teuer
marrón, -	braun

Erklärungen

1 Das direkte Objekt (Akkusativobjekt) oder das indirekte Objekt (Dativobjekt) in einem Satz können Sie durch die **Personalpronomen** ersetzen.
Die Formen für das direkte und das indirekte Objektpronomen lauten:

	direktes Objekt	indirektes Objekt
Singular	me *mich*	me *mir*
	te *dich*	te *dir*
	lo, le *ihn, Sie* (mask.)	le *ihm, Ihnen* (mask.)
	la *sie, Sie* (fem.)	le *ihr, Ihnen* (fem.)
Plural	nos *uns*	nos *uns*
	os *euch*	os *euch*
	los, les *sie, Sie* (mask.)	les *ihnen, Ihnen* (mask.)
	las *sie, Sie* (fem.)	les *ihnen, Ihnen* (fem.)

Wenn **lo** direktes Objekt ist und sich auf eine Person bezieht, kann man statt **lo** auch **le** verwenden; das Gleiche gilt für den Plural – statt **los** kann dann **les** verwendet werden.

Wenn zwei Pronomen zusammentreffen, steht im Spanischen – anders als im Deutschen – der Dativ (die Person) vor dem Akkusativ (dem Gegenstand).
Sí, un momento, enseguida te lo doy. *Ja, einen Moment, ich gebe es dir gleich.*

Treffen zwei Pronomen zusammen, die mit **l** beginnen, so wird das erste der beiden (**le** oder **les**) zu **se**.
Le regalo un bolso. *Ich schenke ihr eine Tasche.* → Se lo regalo. *Ich schenke sie ihr.*

2 Wenn die **Personalpronomen mit einer Präposition** stehen, lauten sie anders; hier in der Tabelle setzen wir als Beispiel die Präposition **a** hinzu:

Singular	Plural
a mí	a nosotros, -as
a ti	a vosotros, -as
a él	a ellos
a ella	a ellas
a usted	a ustedes

Diese Formen verwendet man nicht nur nach **a**, sondern nach allen Präpositionen, wie z. B. nach **para**, **de**, **sin** ... . Ein wenig aufpassen müssen Sie bei der Präposition **con**: die 1. und 2. Person Singular lauten **conmigo** *mit mir* und **contigo** *mit dir*.

Wie Sie wissen, wird beim Zusammentreffen von zwei Pronomen, die mit **l** beginnen, das erste durch **se** ersetzt. Wenn nun aus dem Zusammenhang nicht ganz klar ist, auf wen **se** sich bezieht, kann man zur Verdeutlichung **a** + Pronomen anhängen:

Se lo doy. *Ich gebe es ... ihm? ihr? Ihnen?*

Se lo doy a él. *Ich gebe es ihm.*
Se lo doy a ella. *Ich gebe es ihr.*
Se lo doy a usted. *Ich gebe es Ihnen.*

Erklärungen

3 Wenn Sie in einem Geschäft oder Restaurant **um etwas bitten** möchten, können Sie die Wendung **quisiera** + Substantiv oder **quisiera** + Infinitiv benutzen:
Quisiera un bolso de señora. *Ich hätte gerne eine Damenhandtasche.*
Quisiera comprar un bolso de señora. *Ich möchte gerne eine Damenhandtasche kaufen.*

4 **Nach dem Preis fragen** Sie mit ¿Qué precio tiene? *Was kostet es? (wörtl.: Was für einen Preis hat es?)* ¿Cuánto cuesta? *Was kostet es?*

Übungen

1 Da wünscht sich jemand etwas von Ihnen, und Sie wissen noch nicht ganz genau, wie das Gewünschte aussehen soll. Fragen Sie nach, z. B.: Quisiera un bolso. ¿Cómo lo quiere?

1) - Quisiera una mochila.
   - ¿ ....?
2) - Quisiera unos zapatos.
   - ¿ ....?
3) - Quisiera unas sandalias.
   - ¿ ....?
4) - Quisiera un sombrero.
   - ¿ ....?

2 Jeder freut sich über Mitbringsel aus dem Urlaub. Wem bringen Sie was mit?

1) A mis padres, les llevo una botella de coñac.
2) A mi novia, ... llevo una mochila negra.
3) A mi profesora, ... llevo unos libros.
4) A mi hermano, ... llevo un compacto de flamenco.
5) A mis vecinas, ... llevo unos abanicos.
6) A mis amigos, ... llevo unas revistas.
7) A mi hermana, ... llevo unos bombones.

3 Den folgenden Sätzen sind einige Pronomen verloren gegangen. Können Sie sie wieder einfügen? Eine kleine Hilfe: die Pronomen lauten

él conmigo nos me os ti

1) .... llevamos este bolso de piel.
2) Este regalo es para ....
3) ¿Vienes .... de compras?
4) Esta mochila es muy bonita.
   .... la llevo.
5) Voy a España con ....
6) Y a vosotros ¿................. esperamos en un hotel?

Übungen

4 Welche Pronomen passen in die Lücken?

1) - ¿Compra Christoph una mochila a su novia? - Sí, ... compra.

2) - ¿Se lleva Cristoph los zapatos? - Sí, ... lleva.

3) - ¿Envuelve el vendedor el regalo a Christoph? - Sí, ... envuelve.

4) - ¿Compra usted regalos para sus amigos en vacaciones? - Sí, ... compro.

5) - ¿Escribe usted postales a sus amigos en vacaciones? - Sí, ... escribo.

5 Vervollständigen Sie die folgende Erzählung:

Christoph quiere comprar un regalo para su novia.

..... compra una mochila.

A .... gusta mucho.

El vendedor .... envuelve para regalo.

6 Haben Sie Lust, auszuprobieren, wie viel gesprochenes Spanisch Sie verstehen? Dann hören Sie sich die zwei kurzen Dialoge zu dieser Übung auf der Audio-Kassette an und beantworten Sie die folgenden Fragen:

1) ¿Qué compra?
2) ¿De qué color?
3) ¿De qué número?
4) ¿De qué material?
5) ¿Qué precio tiene?

Neben den vielen kleinen Läden gibt es überall mehr und mehr Kaufhäuser und große Geschäfte, in denen man nicht mehr bedient wird. Hier können Sie in der Regel auch mit allen gängigen Kreditkarten bezahlen, was in kleineren Geschäften nicht immer problemlos möglich ist. Große Kaufhäuser finden Sie sehr oft in Einkaufszentren am Stadtrand. Der Bummel durch diese Einkaufszentren mit ihren Geschäften, Bars, Restaurants und Kinos ist allmählich zu einer Freizeitbeschäftigung für die ganze Familie geworden; sie haben an sechs Tagen in der Woche bis um 22 Uhr geöffnet. Diese modernen Einkaufszentren verhindern aber nicht, dass es immer noch fliegende Händler gibt, die im Allgemeinen einmal in der Woche an festgelegten Orten ihre Stände aufbauen. Sie verkaufen fast alles: Kleidung, Küchenartikel, Schuhe, Wäsche, Musik ... All dies und noch viel mehr findet man auch auf den berühmten Märkten *El Rastro* in Madrid und *Los Encantes* in Barcelona. Es lohnt sich immer, über einen dieser Märkte zu schlendern.

Lektion 9

Son las rebajas de enero. Dos amigas están en unos grandes almacenes.

Claudia: ¿A dónde vamos?
Ana: Espera... El segundo piso es de ropa de señora y el tercero... sí, ropa para gente joven. ¡Venga, vamos!
Claudia: ¿Tú que te quieres comprar?
Ana: Pues, yo necesito unos pantalones vaqueros negros y un jersey verde.
Claudia: Mira, ya estamos. Estos vaqueros están muy rebajados, ¿qué talla tienes?
Ana: La 42, pero en vaqueros, la 33. No los encuentro...
Claudia: Míralos, aquí están, ¿quieres probártelos?
Ana: Sí, pero, ¿y tú?
Claudia: No sé, estoy pensándolo. Mira, esta falda roja es muy elegante.
Ana: Sí, y te queda muy bien con esa chaqueta gris. ¿De qué es?
Claudia: De lana. A ver cuánto cuesta... ¡Ah!, aquí está la etiqueta: 12.000 ptas.
Ana: Está bien. ¡Mira esas camisetas!, ¡qué bonitas! ¿Cuál te gusta más?
Claudia: Ésta de rayas. ¿Son de algodón?
Ana: Sí, ¿vamos al probador?

Unos minutos más tarde.

Ana: ¿Qué tal?
Claudia: La camiseta y los vaqueros te quedan muy bien. ¿Y a mí?
Ana: ¡Fenomenal! ¿Nos los llevamos?
Claudia: Sí, ¿dónde está la caja?
Ana: ¡Mírala!, allí.
Empleada: ¿Con tarjeta o al contado?
Claudia: Con tarjeta.
Empleada: ¿Puede firmar aquí, por favor?

De rebajas

Neue Wörter und Ausdrücke

de rebajas	beim Schlussverkauf
las rebajas de enero	der Winterschlussverkauf
los grandes almacenes	das Kaufhaus
espera	warte mal
el piso	die Etage
segundo, -a	zweite(r)
la ropa	die Kleidung
la ropa de señora	die Damenbekleidung
tercero, -a	dritte(r)
la gente	die Leute
joven, -	jung
la gente joven	die jungen Leute
los pantalones	die Hose
los (pantalones) vaqueros	die Jeans
el jersey	der Pullover
amarillo, -a	gelb
ya estamos	wir sind schon da
rebajado, -a	herabgesetzt
la talla	die Größe
¿Qué talla tienes?	Was für eine Größe hast du?
encontrar 2.1	finden
míralos	da, sieh mal; *wörtl.:* schau sie an
¿Quieres probártelos?	Möchtest du sie anprobieren?
pensar 2.2	überlegen
estoy pensándolo	ich überleg's mir noch
la falda	der Rock
rojo, -a	rot
elegante, -	elegant
quedar	jmd. stehen
la chaqueta	die Jacke
gris, -	grau
¿De qué es?	Woraus ist es?
la lana	die Wolle
a ver...	mal sehen ...
la etiqueta	das Etikett
la camiseta	das T-Shirt
¿Cuál te gusta más?	Welches gefällt dir besser?
la raya	der Streifen
de rayas	mit Streifen
el algodón	die Baumwolle
el probador	die Kabine
fenomenal, -	phänomenal
la tarjeta	die Kreditkarte
con tarjeta	mit Kreditkarte
al contado	bar
firmar	unterschreiben

zu Erklärungen und Übungen

la guía	der Reiseführer
prestar	leihen
usar	benutzen
ahora mismo	gerade
escuchar	zuhören
¿quién?	wer?
el coche	das Auto
¿cuál?	welche(r)?
la foto	das Foto
la calle	die Straße
la puerta	die Tür
la lección	die Lektion
el aniversario	das Jubiläum
la seda	die Seide
la blusa	die Bluse
blanco, -a	weiß
azul, -	blau
marrón, -	braun
fatal, -	schlecht
me encanta	es gefällt mir sehr gut, *wörtl.:* es entzückt mich
bastante	ziemlich, genug
nada	nichts, *hier*: gar nicht
el mar	das Meer
rosa	rosa
la prenda	das Kleidungsstück
el material	das Material
caro, -a	teuer

Erklärungen

1 In Lektion 8 haben Sie die **Personalpronomen** kennen gelernt. Bestimmt ist Ihnen aufgefallen, dass sie im Spanischen – im Gegensatz zum Deutschen – im Allgemeinen vor dem Verb stehen:
La compramos. *Wir kaufen sie.*
¿Nos los llevamos? *Kaufen wir sie uns?*

In drei Fällen werden die Pronomen jedoch an das Verb angehängt:

beim Infinitiv	¡Ah!, ¡tienes una guía de Málaga! ¿Puedes prestármela? *Ah, du hast einen Stadtführer von Málaga! Kannst du ihn mir leihen?*
beim Gerundium:	¿Me das la guía, por favor? *Gibst du mir bitte den Reiseführer?* Espera, estoy usándola ahora mismo. *Warte, ich benutze ihn gerade.*
beim Imperativ:	¡Escúchame, por favor! *Hör mir bitte zu!*

2 Man unterscheidet zwischen den folgenden **Fragepronomen**:

¿quién? *wer?* fragt nach Personen.
¿Quién lo envía? *Wer schickt ihn?*

¿qué? *was?* fragt nach Gegenständen.
¿Qué le compramos? *Was kaufen wir ihm?*

Wenn **qué** vor einem Substantiv steht, hat es die Bedeutung von *welcher? was für ein?* und fragt nach Personen oder Sachen:
¿Qué talla es? *Welche Größe ist das?*
¿Qué coche tiene? *Was für ein Auto hat er?*
¿Qué amigos tiene? *Was für Freunde hat er?*

¿cuál? *welcher?* fragt nach einer einzelnen Person oder Sache aus einer größeren Anzahl, die vorher erwähnt wurde. Es steht ohne Substantiv.
¿Cuál te gusta más? *Welches gefällt dir besser/am besten?*

Zu **cuál** gibt es einen Plural, **cuáles**:
¡Mira estas fotos de nuestro viaje! ¿Cuáles te doy?
Sieh dir mal diese Fotos von unserer Reise an.
Welche soll ich dir geben?

3 Die Ordnungszahlen

1° primero, -a	6° sexto, -a
2° segundo, -a	7° séptimo, -a
3° tercero, -a	8° octavo, -a
4° cuarto, -a	9° noveno, -a
5° quinto, -a	10°décimo, -a

Wenn man die Ordnungszahlen als Ziffern schreibt, setzt man hinter die Ziffer ein kleines hoch gestelltes **o** oder **a**, je nachdem, ob das zugehörige Substantiv maskulin oder feminin ist:
Calle Ramírez n° 47, 5°, 3ª = Calle Ramírez número 47, quinto piso, tercera puerta
Calle Ramírez Nr. 47, 5. Stock, 3. Tür

Die Ordnungszahlen werden im Allgemeinen nur bis einschließlich **décimo** verwendet. Bei höheren Zahlen werden sie durch die entsprechenden Grundzahlen ersetzt.
la novena lección *die neunte Lektion*
el veinticinco aniversario *das 25. Jubiläum*

Wenn **primero** und **tercero** vor männlichen Substantiven im Singular stehen, werden sie zu **primer** und **tercer** verkürzt:
el piso primero, el primer piso *der erste Stock*

4 **Stoffe** und **Kleidung**

	algodón		*Baumwolle*
de	lana	*aus*	*Wolle*
	seda		*Seide*
	piel		*Leder*

camisa *Hemd*

blusa *Bluse*

falda *Rock*

pantalones *Hose*

(pantalones) vaqueros *Jeans*

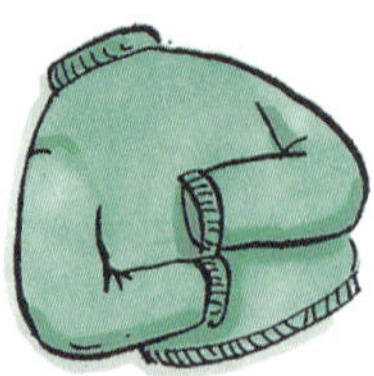

jersey *Pullover*

chaqueta *Jacke*

camiseta *T-Shirt*

Erklärungen

5 Wenn Sie sich etwas kaufen möchten, sollten Sie auch einige **Farben** kennen:

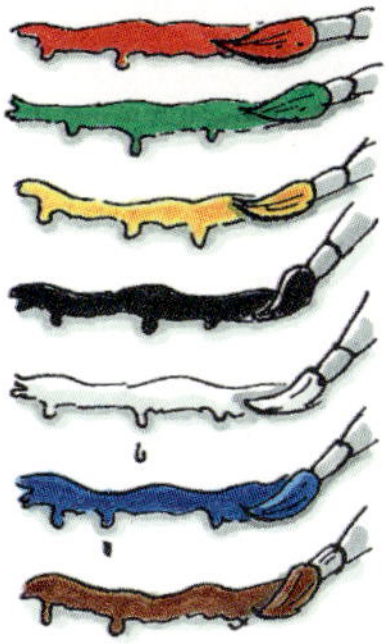

rojo, -a
verde, -
amarillo, -a
negro, -a
blanco, -a
azul, -
marrón, -

6 Nicht nur beim Einkaufen müssen Sie natürlich darüber reden können, **ob Ihnen ein Kleidungsstück steht** und **wie Ihnen etwas gefällt**.

¿Cómo me queda? *Wie steht es mir?*

Te queda muy bien. *Es steht dir sehr gut.*
No te queda muy bien.
Es steht dir nicht sehr gut.
Te queda fatal.
Es steht dir überhaupt nicht.

¿Le gusta? *Gefällt es Ihnen?*
¿Te gusta? *Gefällt es dir?*

Me encanta. *Es gefällt mir sehr gut.*
Sí, muchísimo. *Ja, sehr.*
Sí, es muy bonito. *Ja, es ist sehr schön.*
Sí, mucho. *Ja, sehr.*
Sí, bastante. *Ja, ganz gut.*
No, no me gusta mucho.
Nein, es gefällt mir nicht so sehr.
No, nada. *Nein, gar nicht.*

Und so lauten die konjugierten Formen von **gustar**:
(a mí) me gusta
(a ti) te gusta
(a él/a ella/a usted) le gusta
(a nosotros, -as) nos gusta
(a vosotros, -as) os gusta
(a ellos/a ellas/a ustedes) les gusta

Die Formen in den Klammern, also die betonten Formen der Personalpronomen, setzen Sie dann hinzu, wenn Sie die Person besonders betonen wollen.
A él le gusta la montaña, y a mí, el mar.
Ihm gefallen die Berge und mir das Meer.

Achten Sie darauf, dass Sie im Spanischen den Artikel bei allgemeinen Gattungsbegriffen verwenden müssen:
Me gustan **los** vaqueros.
Jeans gefallen mir.

Übungen

1 Erinnern Sie sich noch an den Lektionstext? Dann können Sie sicherlich die folgenden Fragen beantworten:

1) ¿Dónde está la ropa de señora?
2) ¿Qué talla tiene Ana?
3) ¿Qué se compra Claudia?
4) ¿Cuánto cuesta la chaqueta gris?
5) ¿De qué son las camisetas de rayas?
6) ¿Cómo paga Claudia?

2 Hier ist einiges durcheinander geraten. Können Sie Ordnung in die Sätze bringen?

1) - Esta falda es muy bonita.
   - ¿te probar quieres la?

   ....

2) No sé qué comprarme.

   pensando estoy lo. ....

   ....

3) - ¿Dónde está la caja?

   - la mira allí. ....

4) - Me llevo éste.
   - ¿lo para se regalo envuelvo?

   ....

5) Esta falda es muy bonita.

   la pruebo me. ....

   ....

3 Welche Farbe haben in Ihrem Heimatland:

1) Briefkästen? ....
2) die Nationalflagge? ....
3) Telefonzellen? ....
4) Polizeiuniformen? ....

4 Der Austauschstudent Peter hat einen Job als Briefträger gefunden. Nun steht er in der Calle Mayor und ist etwas verwirrt, denn diesen Zahlen auf den Briefumschlägen kann er nicht entnehmen, wer wo wohnt. Können Sie helfen? Schreiben Sie für ihn die Zahlen aus. Wenn Sie sich nicht mehr erinnern, wie es geht, sehen Sie unter Punkt 3 der Erklärungen nach.

Paula Alonso
Calle Mayor nº 22, 3º, 2ª
número veintidós, tercero, segunda

1) Margarita Prieto
   Calle Mayor nº 74, 6º, 3ª

   ....

   ....

2) Pedro López
   Calle Mayor nº 56, 9º, 2ª

   ....

   ....

3) Leonor Sánchez
   Calle Mayor nº 84, 10º, 4ª

   ....

   ....

4) Manuel Martín
   Calle Mayor nº 45, 5º, 1ª

   ....

   ....

5 Wem gefällt was wie gut? Bilden Sie Sätze aus den angegebenen Elementen, zum Beispiel so: yo bolso negro mucho – Este bolso negro me gusta mucho.

1) él zapatos de piel muchísimo ....
....
2) yo falda roja nada ....
....
3) ella jersey verde no mucho ....
....
4) nosotros camisetas de rayas bastante
....
....
5) ellos chaquetas de lana mucho ....
....

6 Hier fehlen die Fragepronomen. Können Sie sie einsetzen?

1) ¿................ talla tienes?
2) ¿................ de las dos faldas te gusta más?
3) ¿................ te quieres comprar?
4) ¿................ paga los zapatos?
5) ¿................ quiere probárselo?
6) ¿................ son de algodón, éstas o ésas?

7 Ordnen Sie die Wörter in drei Gruppen:

pantalones lana jersey negro verde vaqueros algodon seda camisetas roja piel gris chaqueta

prenda	color	material
....	....	....
....	....	....
....	....	....
....	....	....
....	....	....

8 Übersetzen Sie:

1) Dieser Rock steht dir sehr gut.
2) Gefällt dir diese Hose?
3) Wie steht mir die Jeans?
4) Gefällt dir diese Jacke?
5) Ich möchte mir zwei T-Shirts kaufen.
6) Diese Schuhe sind sehr teuer.

Lektion 10

Wenn Sie in einem Hotel ein Anmeldeformular ausfüllen, finden Sie den Ausdruck *Apellidos* (Nachnamen) in der Mehrzahl. Das liegt daran, dass jede Spanierin und jeder Spanier zwei Nachnamen hat: den ersten des Vaters und den ersten der Mutter. Auch nach der Hochzeit behalten Spanierinnen ihre Nachnamen. Wenn also María López García Herrn Sánchez Ruiz heiratet, heißt sie weiterhin López García. Die Kinder hätten dann den Nachnamen Sánchez López, weil der Nachname des Vaters immer der erste Nachname der Kinder wird.
Beim Unterschreiben verwenden die Spanier eine *rúbrica*; das ist ein manchmal sehr komplizierter Schnörkel unter der Unterschrift. Sie gehört zur Unterschrift dazu, und in sehr entlegenen Gegenden werden Sie bei einer Unterschrift vielleicht erklären müssen, dass man die *rúbrica* in Deutschland nicht kennt.

¿Tienen habitaciones libres?

Recepcionista: Hotel Central, ¿dígame?

Mayer: Buenos días. ¿Tienen habitaciones libres?

Recepcionista: ¿Individual o doble?

Mayer: Dos dobles. Una de ellas de matrimonio.

Recepcionista: ¿Con baño?

Mayer: Sí, las dos con baño. ¿Qué precio tienen?

Recepcionista: 9.000 ptas. cada una. El desayuno, incluido.

Mayer: Está bien. ¿Puedo hacer la reserva?

Recepcionista: ¿Para cuántos días?

Mayer: Para mañana solamente.

Recepcionista: ¿A nombre de quién?

Mayer: Mayer.

Recepcionista: ¿Con i griega?

Mayer: Sí, eme, a, i griega, e y ere.

Al día siguiente en la recepción del hotel:

Mayer: Buenas tardes. Soy Heiko Mayer. Tengo dos habitaciones reservadas.

Recepcionista: Efectivamente. ¿Puede rellenar esta ficha, por favor?

Mayer: Sí, ¿a qué hora es el desayuno?

Recepcionista: De ocho a diez. ¿ Me deja su pasaporte, por favor?

Mayer: Aquí está.

Recepcionista: Sus habitaciones son la 230 y la 231, en el segundo piso. Éstas son sus llaves y ahí mismo está el ascensor.

Mayer: Gracias. ¡Hasta luego!

Neue Wörter und Ausdrücke

la recepcionista	die Dame an der Rezeption
¿Dígame?	Hallo? *(am Telefon)*
buenos días	guten Morgen, guten Tag
individual, -	Einzel-
doble, -	Doppel-
una de ellas	eins von ihnen
(habitación) de matrimonio	(Zimmer) mit einem großem Bett
el baño	das Bad
cada uno, -a	jede(r) Einzelne
el desayuno	das Frühstück
incluido, -a	inklusive
la reserva	die Reservierung
hacer la reserva	reservieren
¿Para cuántos días?	Für wie viele Tage?
mañana	morgen
para mañana	für morgen
solamente	nur
el nombre	der Name
¿A nombre de quién?	Auf welchen Namen?
¿Con i griega?	Mit Ypsilon?
siguiente, -	folgender
al día siguiente	am folgenden Tag
la recepción	die Rezeption
reservado, -a	reserviert
Tengo dos habitaciones reservadas.	Ich habe zwei Zimmer reserviert.
efectivamente	tatsächlich
rellenar	ausfüllen
la ficha	das Formular
de... a	von ... bis
de ocho a diez	von 8 bis 10 (Uhr)
dejar	dalassen, überlassen
el pasaporte	der Pass
la llave	der Schlüssel
ahí mismo	gleich hier
el ascensor	der Aufzug
hasta luego	bis später

zu Erklärungen und Übungen

aprender	lernen
enviar	schicken
por correo	per Post
el tren	der Zug
pasar por...	durch ... fahren
¿Cómo se apellida?	Wie ist Ihr Nachname?
¿Cómo se escribe?	Wie schreibt man das?
el acento	der Akzent
el apellido	der Nachname
la dirección	die Adresse
el teléfono	das Telefon
la nacionalidad	die Staatsangehörigkeit
la profesión	der Beruf
solo, -a	allein

Erklärungen

1 Auf die Frage **wohin** antworten Sie in der Regel mit **a**.

Vamos a la playa.
Wir gehen an den Strand.

Zusammen mit dem Artikel **el** verschmilzt **a** zu **al**.
Voy al hotel. *Ich gehe ins Hotel.*

2 Auf die Frage **wo** antworten Sie in der Regel mit **en**.

Estamos en un hotel muy bonito.
Wir sind in einem sehr schönen Hotel.
El Señor Mayer está en la recepción.
Herr Mayer ist an der Rezeption.

Erklärungen

3 Auf die Fragen **woher**, **woraus** und **wessen** antworten Sie in der Regel mit **de**. **De** bezeichnet also Herkunft, Material und Besitz.

Soy de Múnich. *Ich bin aus München.*
Este bolso es de piel. *Diese Tasche ist aus Leder.*
Este pasaporte es del señor Mayer.
Dieser Reisepass gehört Herrn Mayer.

4 **Mit** heißt **con** und **ohne** heißt **sin**:

una habitación con baño
ein Zimmer mit Bad
¿Agua mineral con gas o sin gas?
Mineralwasser mit oder ohne Kohlensäure?

5 **Para** wird verwendet:

a) zur Angabe des Zwecks, des Ziels oder der Bestimmung:
La cerveza es para mí.
Das Bier ist für mich.
Vengo a España para aprender español.
Ich komme nach Spanien, um Spanisch zu lernen.

b) zur Angabe eines Zeitpunkts oder Zeitraumes in der Zukunft:
¿Para cuántos días quiere la habitación?
Für wie viele Tage möchten Sie das Zimmer?
Quiero la habitación para mañana.
Ich möchte das Zimmer für morgen.

6 **Por** wird verwendet:

a) als Antwort auf die Frage wofür:
Gracias por el regalo.
Danke für das Geschenk.
Perdón por el retraso.
Entschuldigung für die Verspätung.

b) zur Angabe des Mittels:
Enviar por correo.
Mit der Post/per Post schicken.

c) zur Bezeichnung einer unbestimmten Ortsangabe:
Hay paradores por toda España.
Es gibt Paradores in ganz Spanien.
¿A dónde vamos? *Wo gehen wir hin?*
No sé, por el centro.
Ich weiß nicht, irgendwo in die Innenstadt.

d) als Antwort auf die Frage wodurch:
El tren pasa por Gerona.
Der Zug fährt durch Gerona.

7 Auch für **Zeitangaben** brauchen Sie Präpositionen:

Zur Angabe der Uhrzeit verwenden Sie **a**:
¿A qué hora es el desayuno?
Um wie viel Uhr gibt es Frühstück?
A las siete. *Um sieben.*
De ocho a diez. *Von acht bis zehn.*

Bei der Angabe von Wochentagen steht keine Präposition:
El lunes vamos a Oviedo.
Am Montag fahren wir nach Oviedo.

Aber: por la mañana *am Morgen*
por la tarde *am Abend ...*

Bei Monaten, Jahreszeiten und Jahreszahlen steht die Präposition **en**:
en agosto *im August*
en verano *im Sommer*
en 1996 *1996*

Übrigens: das Datum liest man genauso wie die Zahlen, d.h. die ersten beiden Ziffern werden nicht, wie im Deutschen, zusammengezogen:
1492 mil cuatrocientos noventa y dos
1996 mil novecientos noventa y seis

Lektion 10

Erklärungen

8 Nicht jeder Spanier ist mit deutschen Namen vertraut. Manchmal wird man Sie sicherlich bitten, Ihren Namen zu **buchstabieren**:

¿Cómo se apellida?
Wie heißen Sie mit Nachnamen?
Schraudenbach.
¿Cómo se escribe?
Wie schreibt man das?

Wenn man nur nach einzelnen Buchstaben fragen möchten, heißt es beispielsweise:
¿Con hache? *Mit h?*
¿Con b o con v? *Mit b oder v?*
¿Con acento en la ...?
Mit Akzent auf dem ...?

9 Die **Buchstaben des spanischen Alphabets** müssen Sie vielleicht nicht ganz lernen. Aber Ihren Namen sollten Sie schon buchstabieren können. Keine Angst – viele Buchstaben heißen genauso wie bei uns:

a	a	j	jota	r	ere
b	be	k	ka	s	ese
c	ce	l	ele	t	te
ch	che	ll	elle	u	u
d	de	m	eme	v	uve
e	e	n	ene	w	uve doble
f	efe	ñ	eñe	x	equis
g	ge	o	o	y	i griega
h	hache	p	pe	z	zeta
i	i	q	cu		

Übrigens: alle Buchstaben sind feminin, also: **la a** *das a*, **la b** *das b* usw.

Lektion 10

Übungen

1 Nach der Ankunft in Ihrem Hotel bittet Sie die Dame am Empfang, das Anmeldeformular auszufüllen:

NOMBRE: ....

APELLIDOS: ....

DIRECCIÓN: ....

TELÉFONO: ....

NACIONALIDAD: ....

PROFESIÓN: ....

2 Setzen Sie die folgenden Wörter in den Dialog ein:

precio ficha ducha habitación desayuno

- Buenos días, quisiera una .... individual.
- ¿Con baño o .... ?
- Con baño.
- ¿Para cuántos días?
- Dos noches. ¿Qué .... tiene?
- 12.000 ptas, ... incluido.
- Está bien.
- ¿Puede rellenar esta ....., por favor?

Übungen

3 Nun können Sie wieder Sätze basteln. Verwenden Sie dazu ein Element aus jeder Spalte:

Voy		vacaciones
Estoy	en	coche
Viajo	de	Alicante
Vivo	a	la playa
Vengo		un hotel

4 Entscheiden Sie, welche Präposition wohin gehört:

a en de con sin

1) Mi marido es .... Múnich.

2) Quiero agua mineral .... gas, por favor.

3) El Señor Mayer está .... el hotel.

4) Mañana vamos .... España.

5) Esta llave es .... la señora Mayer.

6) Quiero una habitación .... baño.

5 Das Hotel, in dem Sie wohnen, ist schon älter, und die Vokale auf einigen Schildern sind verblasst. Können Sie die Wörter vervollständigen?

H ..... B ..... T ..... C .... N

D ..... S ..... Y ..... N .....

..... S C ..... N S ..... R

R ..... C ..... P C .... N

6 **Por** oder **para**?

1) Muchas gracias .... el regalo.

2) El vino tinto es .... mí.

3) Este tren pasa .... Madrid.

4) Quiero una habitación .... mañana.

5) Este libro es .... aprender español.

6) Hay tiendas .... todo el centro.

7 Zu wissen, wann was stattfindet, kann manchmal wichtig sein. Deswegen sollten Sie üben, danach zu fragen:

1) Wann gibt es Frühstück? Von acht bis zehn.
2) Wann fährst du nach Spanien? Im Sommer.
3) Wann hast du Urlaub? Im August.
4) Wann hast du einen Kurs? Samstags.
5) Wann macht das Restaurant auf? Um acht.
6) Wann gehst du einkaufen? Vormittags.

8 Wahr oder falsch?

1) El señor Mayer viaja solo.
2) El señor Mayer quiere una habitación con ducha.
3) El precio de la habitación es de 9.000 ptas. con desayuno.
4) El señor Mayer quiere la habitación para dos días.
5) El desayuno es de ocho a diez.

Lektion 11

¿Salimos esta noche?

Die Spanier gehen gerne aus. Der Treffpunkt schlechthin, zu jeder Tageszeit, ist die Bar. Vor der Arbeit ein kleiner Kaffee, nach der Arbeit ein Aperitiv, ein Bier oder ein Glas Wein, nach dem Essen wieder der Kaffee – die Bars nehmen in Spanien einen wichtigen Platz im sozialen Leben ein. Sie sind bis spät in die Nacht geöffnet. Man trifft sich an der immer vollen und lärmenden Theke. Es ist gar nicht so einfach, die Bedienung auf sich aufmerksam zu machen; meist funktioniert es mit *¡Oiga, por favor!*.

Die Bar ist sicherlich der nahe liegendste Ort, um sich zu treffen. Doch das kulturelle Leben in Spanien ist reich und bietet tausend andere Möglichkeiten, den Abend zu gestalten. So gibt es z. B. viele Jazz-Festivals, in San Sebastián, Vitoria oder Madrid und anderen Städten, und auch außerhalb der Festivals kann man bis in die frühen Morgenstunden Livekonzerte in Jazz-Kneipen hören.

Thomas: ¿Dígame?
Laura: ¿Está Thomas, por favor?
Thomas: Sí, soy yo.
Laura: ¡Hola! Soy Laura, ¿qué tal?
Thomas: Muy bien, ¿y tú?
Laura: Bien. Oye, te llamo para preguntarte qué vas a hacer esta noche.
Thomas: Voy a estudiar español y...
Laura: ¡Pero si tu español es ya mejor que el mío! ¿Te apetece salir?
Thomas: ¡Me encantaría! ¿A dónde podemos ir?
Laura: ¿Por qué no vamos al cine?
Thomas: No, mejor algo diferente...
Laura: ¿Qué te parece escuchar jazz?
Thomas: ¿Vamos al festival?
Laura: No, en los festivales hay mucha gente. Preferiría ir a un bar pequeño. Hay uno que está cerca del puerto, y esta noche toca un grupo muy bueno.
Thomas: Estupendo. ¿A qué hora quedamos?
Laura: ¿A las ocho y media? Podemos tomar algo antes, en otro bar que hay cerca.
Thomas: Muy bien. ¿Dónde quedamos?, ¿en mi casa?
Laura: No, mejor en la mía, que está más cerca.
Thomas: ¡Vale! Ahora voy a estudiar un poco y a las ocho y media estoy en tu casa.
Laura: Oye, ¿tienes el teléfono de Iñaqui?
Thomas: No, el suyo no.
Laura: Bueno, lo busco yo, entonces.

Laura llama a Iñaqui:

Coro: ¿Diga?
Laura: ¡Hola Coro! Soy Laura, ¿está Iñaqui?
Coro: No, no está.
Laura: ¿Puedo dejar un recado? O mejor, ¿por qué no venís esta noche a escuchar jazz?
Coro: Lo siento, pero no puedo; es que tengo trabajo.
Laura: ¡Qué pena!
Coro: Quizás Iñaqui. Te llama después, ¿vale?
Laura: Vale, ¡adiós!

Neue Wörter und Ausdrücke

esta noche	heute Abend, *wörtl.:* heute Nacht
estar [1.5]	*hier:* da sein
Soy yo.	Am Apparat.
¿Qué tal?	Wie geht's?
llamar (por teléfono)	anrufen
preguntar	fragen
¿Qué vas a hacer esta noche?	Was machst du heute Abend?
voy a estudiar	ich werde lernen
estudiar	lernen
si	wenn
el mío	mein
apetecer [2.4]	Lust haben
¿Te apetece...?	Hast du Lust, ...?
el cine	das Kino
algo	etwas
diferente, -	verschieden, anders
algo diferente	etwas anderes
¿Qué te parece?	Was hältst du davon?
escuchar	(an)hören
el jazz	der Jazz
el festival	das Festival
preferiría	ich würde lieber, ich würde es vorziehen
que	der, die, das
el puerto	der Hafen
tocar [3.2]	berühren; *hier:* spielen
el grupo	die (Musik-)Gruppe
quedar	sich treffen
antes	vorher
otro, -a	andere(r)
la mía	meine
ahora	dann
el teléfono	das Telefon, die Telefonnummer
el suyo	ihren
¿Diga?	Hallo? *(am Telefon)*
el recado	die Nachricht
dejar un recado	eine Nachricht hinterlassen
el trabajo	die Arbeit
tengo trabajo	ich habe zu tun
¡Qué pena!	Wie schade!
quizás	vielleicht

zu Erklärungen und Übungen

la piscina	das Schwimmbad
el chico	der Junge
medio, -a	halbe(r)
el concierto	das Konzert
el flamenco	der Flamenco
la fiesta	das Fest
la moda	die Mode
de moda	in Mode, „in“
la profesora	die Lehrerin
el libro	das Buch
la exposición	die Ausstellung
el arte	die Kunst

Erklärungen

1 Wenn Sie eine unmittelbar bevorstehende Handlung oder eine Absicht ausdrücken möchten, verwenden Sie die Konstruktion **ir a** + Infinitiv:

¿Qué vas a hacer esta noche?	*Was machst du heute Abend?*
Voy a estudiar español.	*Ich lerne Spanisch.*
Mañana por la tarde vamos a ir a la piscina. ¿Vienes con nosotros?	*Morgen Abend gehen wir ins Schwimmbad. Kommst du mit?*

Im Deutschen benutzt man in diesen Fällen häufig das Präsens.

Erklärungen

2 Die Wörter **qué** und **que** (ohne Akzent) sind Ihnen nun schon in ganz verschiedenen Bedeutungen begegnet: **qué** in der Bedeutung *was?* und im Ausruf als *was für ein ...!*, **que** in der Bedeutung *als, wie*.
In dieser Lektion lernen Sie **que** als **Relativpronomen** kennen. **Que** ist im Singular und Plural unveränderlich und bezieht sich auf Personen und auf Sachen:
un bar que está cerca
eine Kneipe, die in der Nähe ist
un chico que estudia español
ein Junge, der Spanisch lernt

3 Eine kleine Besonderheit hat das Wort **otro, -a**: Es kann nur mit dem bestimmten Artikel oder ohne Artikel stehen. Also heißt
die andere Kneipe (dort drüben) el otro bar
eine andere Kneipe otro bar

Das Gleiche gilt übrigens für **medio, -a** *halbe(r)*:

ein halber Liter	medio litro
ein halbes Kilo	medio kilo

4 Die **allein stehenden Possessivpronomen** vertreten ein Substantiv. Sie richten sich in Genus und Numerus nach dem Substantiv, das sie vertreten:
Tu español es mejor que el mío. *Dein Spanisch ist besser als meins/das Meine.*

Singular		Plural	
maskulin	feminin	maskulin	feminin
el mío	la mía	los míos	las mías
el tuyo	la tuya	los tuyos	las tuyas
el suyo	la suya	los suyos	las suyas
el nuestro	la nuestra	los nuestros	las nuestras
el vuestro	la vuestra	los vuestros	las vuestras
el suyo	la suya	los suyos	las suyas

5 Im Dialog wird viel telefoniert. Wie kann man **sich am Telefon melden** und wie fragt man nach jemandem?

¿Está...? *Ist ... da?*
¿Puedo hablar con...? *Kann ich mit ... sprechen?*
¿Puedo dejar un recado? *Kann ich eine Nachricht hinterlassen?*

¿Dígame? *Hallo?*
¿Diga? *Hallo?*
Sí, soy yo. *Ja, am Apparat.*
Sí, un momento. *Ja, einen Moment.*
No está. *Er/Sie ist nicht da.*

Lektion 11

Erklärungen

6 Im Dialog macht Laura Thomas einen Vorschlag. Hier noch einmal die wichtigsten Sätze, die man braucht, um **Vorschläge zu machen**, sie anzunehmen, abzulehnen usw.

Vorschläge machen

te apetece + Infinitiv oder **por qué no** + Präsens:

¿Te apetece salir esta noche? *Hast du Lust, heute Abend auszugehen?*

¿Por qué no vamos al cine? *Wie wäre es, wenn wir ins Kino gingen?; (wörtl.) Warum gehen wir nicht ins Kino?*

einen Vorschlag annehmen

Estupendo. ¿A qué hora quedamos? *Toll! Wann treffen wir uns?*

Me encantaría. ¿A dónde vamos? *Das fände ich super! Wohin gehen wir?*

Sí, vale. ¡Qué buena idea! *Ja, in Ordnung. Was für eine gute Idee!*

etwas anderes vorschlagen

No, mejor algo diferente. *Nein, lieber etwas anderes.*

Preferiría ir a un bar pequeño. *Ich würde lieber in eine kleine Kneipe gehen.*

einen Vorschlag ablehnen

Lo siento, pero es que tengo que trabajar. *Es tut mir Leid, aber ich muss arbeiten.*

Lektion 11

Übungen

1 Hier sehen Sie Rosas Terminkalender. Schreiben Sie auf, was Rosa in der kommenden Woche alles vorhat:

Lunes	Martes	Miércoles	Jueves	Viernes	Sábado	Domingo
cenar con Elena y Luis 8 noche	visita mamá limpiar casa	10 de compras Luisa		9 noche concierto flamenco	10 noche hacer fiesta Thomas	

2 Bilden Sie aus zwei Sätzen einen. Wir geben Ihnen einen Beispiel:

Hay un bar. El bar está cerca. ➜ Hay un bar que está cerca.

1) Conozco un grupo. El grupo está de moda.

....

2) Es un chico. El chico estudia español.

....

3) Es una amiga. La amiga se llama Aurora.

....

3 Bei den Possessivpronomen fehlen Buchstaben. Können Sie sie ergänzen?

1) Tu español es mejor que el mí...........

2) ¿Cómo es t........... profesora? Muy simpática, ¿y la tu........... ?

3) ¿Tienes el teléfono de Iñaqui? No, el su........... no.

4) ¿Dónde nos encontramos? ¿En m........... casa? No, mejor en la mí...........

5) ¿Son vuestr........... libros? No, éstos son los vuestr...........

6) Éstas son m........... entradas . Las su........... están ahí.

4 Sie wollen sich nun mit Paco verabreden. Wir geben Ihnen ein paar Stichwörter, mit deren Hilfe Sie den Dialog formulieren können. Es stehen allerdings nicht alle Wörter da, die Sie für Ihren Dialog benötigen. Ergänzen Sie, was Ihnen richtig erscheint.

1) - ¿apetece salir noche? ¿Por qué vamos cine?

....

....

2) - siento tengo trabajo

....

3) - Mañana tarde

....

4) - Estupendo. ¿hora quedamos?

....

....

5 Welche Antwort könnte zu welcher Frage gehören?

1) ¿Te apetece salir esta noche?
2) ¿Por qué no vamos a bailar?
3) ¿Te apetece ir a comer a un restaurante?
4) ¿Por qué no vamos a un concierto de flamenco?
5) ¿Te apetece ir a una exposición de Miró?

a. Sí, me encanta el arte.
b. Muy bien. Tengo mucha hambre.
c. Lo siento, pero esta noche tengo que trabajar.
d. Lo siento, no me gusta el flamenco.
e. Lo siento, pero hoy estoy muy cansada.

6 Hören Sie sich auf der Audio-Kassette den Dialog zu dieser Übung an und kreuzen Sie die richtigen Antworten an:

1) ☐ Fernando no está en casa.
2) ☐ Fernando está durmiendo.
3) ☐ Fernando habla por teléfono.

1) ☐ Marta quiere ir al cine.
2) ☐ Marta quiere ir a un restaurante.
3) ☐ Marta está cansada.

1) ☐ Fernando está cansado.
2) ☐ Fernando duerme la siesta.
3) ☐ Fernando está enfermo.

1) ☐ Fernando se queda en casa.
2) ☐ Fernando y Marta salen a comer.
3) ☐ Comen en casa de Marta.

1) ☐ Fernando y Marta quedan en el restaurante.
2) ☐ Fernando y Marta no quedan a comer.
3) ☐ Fernando y Marta quedan en casa de Fernando.

He viajado por España

Berge und Ebenen, Flüsse und das Meer, Hochebenen, Steppe und Strände – Spaniens Landschaft ist vielseitig. Aber auch kulturell hat dieses Land viel zu bieten. Im Laufe der langen und wechselvollen Geschichte Spaniens haben viele Völker spanischen Boden betreten: Die Iberer, die ursprünglich aus Afrika kommenden ersten Bewohner Spaniens, die Kelten, die sich im heutigen Galicien ansiedelten, die Goten, die Griechen, die Karthager, die Römer, aus deren Sprache sich das Spanische entwickelt hat, und die Mauren, die Spanien im Jahre 711 unter ihre Herrschaft brachten und erst 1492 endgültig wieder vertrieben wurden. Sie alle haben ihren Einfluss hinterlassen, den man heute noch in Kunstwerken und Bauten, und nicht zuletzt in der großen Bandbreite an Kunsthandwerk, Traditionen und Folklore wieder findet. Auch die Feste muss man erwähnen, seien es nun *Los Sanfermines* in Pamplona oder die *Semana Santa* in Sevilla. Kurz: Spanien ist ein Land, das zu entdecken sich lohnt!

Lektion 12

Valladolid, a 12 de agosto

Querida Elisa:

Hace cinco semanas que estoy en España. He visto ya muchas ciudades. ¡Qué país tan variado! Tiene de todo: acueductos romanos, mezquitas árabes, sinagogas judías, pueblos celtas... Hemos entrado por el País Vasco. Los vascos tienen unas tradiciones muy diferentes y los deportes que practican, ¡son tan originales! Hemos pasado por Pamplona para ver los Sanfermines y ahora estoy ya en Valladolid haciendo el curso de español.

Desde aquí hemos ido de excursión a Madrid y Segovia, donde he visto el acueducto romano. Aquí en Valladolid, he visitado el museo de escultura y la catedral. Las iglesias y los palacios son maravillosos. Se nota que ha sido una capital de España. Hay mucho arte y cultura.

También hemos estado en Granada. ¡Qué diferente!, ¡y tan árabe! Y la Alhambra, un palacio árabe, es maravillosa.

Dentro de dos semanas hay un puente y me gustaría ir a visitarte. ¡Todavía no he estado en Galicia! Y me han dicho que es precioso y que la influencia celta está todavía muy viva en su cultura. Tengo muchas ganas de veros y de ir a Lugo y Santiago de Compostela.

Un beso muy fuerte y recuerdos a tus padres,

Sabine

Neue Wörter und Ausdrücke

he viajado	ich bin gereist
haber 1.6	haben (*nur Hilfsverb*)
viajar	reisen
por	durch
agosto	August
a 12 de agosto	den 12. August
querido, -a	lieber
hace... que	seit
he visto *(von ver)*	ich habe gesehen
la ciudad	die Stadt
el acueducto	der Aquädukt
romano, -a	römisch
la mezquita	die Moschee
árabe, -	arabisch
la sinagoga	die Synagoge
judío, -a	jüdisch
el pueblo	das Dorf
celta, -	keltisch
hemos entrado	wir sind eingereist
entrar	betreten; *hier:* einreisen
el país Vasco	das Baskenland
los vascos	die Basken
la tradición	die Tradition
el deporte	der Sport
practicar 3.2	ausüben; *hier:* treiben
original, -	originell, eigentümlich
hemos pasado por...	wir sind durch ... gefahren
pasar por...	durch ... fahren
los Sanfermines	*Fest in Pamplona*
el curso	der Kurs
desde aquí	von hier
hemos ido *(von ir)* de excursión	wir haben einen Ausflug gemacht
he visitado	ich habe besichtigt
visitar	besichtigen
el museo	das Museum
la escultura	die Skulptur
la catedral	die Kathedrale
la iglesia	die Kirche
el palacio	der Palast
maravilloso, -a	herrlich
notar	merken
ha sido *(von ser)*	es ist gewesen
la capital	die Hauptstadt
el arte	die Kunst
la cultura	die Kultur
hemos estado *(von estar)*	wir sind gewesen
dentro de	in
el puente	die Brücke *hier: freier Werktag zwischen zwei freien Tagen*
me gustaría	es würde mir gefallen, ich würde gerne
todavía no	noch nicht
he estado *(von estar)*	ich bin gewesen
me han dicho	man hat mir gesagt
precioso, -a	wundervoll
la influencia	der Einfluss
vivo, -a	lebendig
tener ganas de	Lust haben zu
un beso muy fuerte	einen dicken Kuss
el recuerdo	der Gruß

zu Erklärungen und Übungen

alguna vez	(irgendwann) einmal
muchas veces	häufig
estimado, -a	sehr geehrter, sehr geehrte
la directora	die Direktorin
un cordial saludo	herzliche Grüße
se despide	ich verbleibe
atentamente	mit freundlichen Grüßen
el abrazo	die Umarmung
leer 2.3	lesen
la televisión	der Fernseher
dos veces	zweimal
el mes	der Monat
desayunar	frühstücken

Erklärungen

1 In dieser Lektion lernen Sie als erste Zeit der Vergangenheit das **pretérito perfecto** (Perfekt) kennen. Man bildet es mit einer konjugierten Form von **haber** und dem Partizip Perfekt:

he *ich habe* has *du hast* ha *er/sie/es hat* hemos *wir haben* habéis *ihr habt* han *sie haben*	visitado ... *besucht*

Das Partizip ist ganz einfach zu bilden. Wenn der Infinitiv des Verbs auf
-ar endet, endet das Partizip auf
-ado: estudiar → estudiado
-er endet, endet das Partizip auf
-ido: tener → tenido
-ir endet, endet das Partizip auf
-ido: vivir → vivido

Wenn Sie es zur Bildung des **pretérito perfecto** verwenden, hat das Partizip weder Genus noch Numerus, es ist unveränderlich.
Elisa ha viajado por España.
Elisa ist durch Spanien gereist.
Los señores Ramírez han visitado Granada.
Herr und Frau Ramírez haben Granada besichtigt.
Luisa y María han llegado hoy de Bruselas.
Luisa und Maria sind heute aus Brüssel angekommen.

▶ für die unregelmäßigen Verben siehe Verbtabellen

Man verwendet das **pretérito perfecto**, um über ein Ereignis der Vergangenheit zu reden, das für die Sprechenden noch einen Bezug zur Gegenwart hat. Dieser Bezug kann aus ganz subjektiven Gründen bestehen oder durch die zeitliche Nähe des Ereignisses gegeben sein. Beim **pretérito perfecto** stehen deswegen oft Zeitangaben wie **hoy** *heute*, **esta semana** *diese Woche*, **este año** *dieses Jahr*, **ya** *schon* oder **todavía no** *noch nicht*:
He visto ya muchas ciudades.
Ich habe schon viele Städte besichtigt.
¡Hoy he llegado tardísimo al trabajo!
Heute bin ich sehr spät zur Arbeit gekommen.

Auch für vergangene Handlungen, deren Zeitpunkt nicht näher bestimmt ist, wird das **pretérito perfecto** benutzt. In diesen Sätzen kommt oft eine Zeitangabe wie **alguna vez** *(irgendwann) einmal* oder **muchas veces** *viele Male, häufig* vor.
¿Has estado alguna vez en Galicia?
Bist du schon einmal in Galicien gewesen?
Sí, he estado muchas veces.
Ja, ich bin schon häufig dort gewesen.

2 Der Lektionstext besteht aus einem Brief. Was müssen Sie beachten, wenn Sie auf Spanisch **Briefe schreiben**?

Das Datum schreiben Sie:
Valencia, (a) 12 de junio de 1996 oder
Valencia 12-VI-96

Die Anrede und die Grußformel am Ende des Briefes richten sich danach, wie gut Sie den Adressaten kennen:

Wenn Ihre Beziehung zum Adressaten Ihres Briefes eher förmlich ist, so lautet die Anrede:
Estimado/Estimada...
Sehr geehrter/Sehr geehrte ...

Nach dem Namen oder der Berufsbezeichnung steht ein Doppelpunkt:
Estimado Sr. Santos:
Sehr geehrter Herr Santos,
Estimada Sra. directora:
Sehr geehrte Frau Direktorin,

Erklärungen

Wenn Sie den Namen des Adressaten nicht kennen, schreiben Sie:
Muy señor mío: *Sehr geehrter Herr,*
Muy señora mía: *Sehr geehrte Frau,*
Muy señores míos:
Sehr geehrte Damen und Herren,

Sie **verabschieden** sich mit:
Un cordial saludo *Herzliche Grüße*
(Se despide) atentamente
(Ich verbleibe) mit freundlichen Grüßen

Wenn Sie einem Freund oder guten Bekannten schreiben, sind Sie weniger förmlich. Dann lautet **die Anrede**:
Querido/Querida... *Lieber/Liebe ...*

Nach dem Namen steht ein Doppelpunkt:
Querida Elisa: *Liebe Elisa,*
Querido amigo: *Lieber Freund,*

Oder Sie schreiben einfach:
¡Hola...! *Hallo*
¡Hola Elisa! *Hallo Elisa,*

Sie **verabschieden** sich mit:
Un beso muy fuerte *Einen dicken Kuss*
(Muchos) besos *(Viele) Küsse*
Un abrazo *Eine Umarmung (vor allem, wenn Männer einander schreiben)*
Recuerdos a... *Grüße an ...*

Lektion 12

Übungen

1 Wie lautet das Partizip Perfekt der folgenden Verben?

1) tener ....
2) hacer ....
3) ver ....
4) ir ....
5) ser ....
6) estar ....
7) abrir ....
8) reservar ....
9) dar ....
10) llover ....

2 Schreiben Sie auf, was Sabine alles in Spanien gemacht hat. Wir geben Ihnen eine kleine Gedankenstütze im Infinitiv - und ein Beispiel:
entrar por el País Vasco - Ha entrado por el País Vasco.

1) pasar por Pamplona

....

2) llegar a Valladolid

....

3) ir de excursión a Madrid

....

....

4) ver el acueducto romano

....

....

5) visitar el museo de escultura

....

....

Übungen

3 Sie erinnern sich noch an Sabines Brief? Dann können Sie sicherlich die folgenden Fragen beantworten:

1) ¿Cuánto tiempo hace que está Sabine en España?
2) ¿Por dónde han llegado a España?
3) ¿Qué es la Alhambra?
4) ¿Dónde vive Elisa?
5) ¿De qué cultura tiene influencia Galicia?

4 Was haben Sie denn heute schon gemacht und was noch nicht? Antworten Sie (wahrheitsgemäß!), z. B.: comer - Hoy ya he comido. *bzw.* Hoy todavía no he comido.

1) leer el periódico ....

2) ir al trabajo ....

3) practicar deporte ....

4) estudiar español ....

5) ver la televisión . ...

5 Oliver hat eine Karte an Sofía geschrieben. Leider sind die Sätze durcheinander geraten. Wie ist die richtige Reihenfolge?

He visitado Trujillo y Mérida y me han gustado mucho.
Recuerdos a tus padres.
¿Qué tal estás?
Tengo muchas ganas de verte.
Muchos besos.
Cáceres, a 16 de agosto de 1996
Yo estoy muy contento. Esta ciudad es preciosa.
Oliver.
Ya he comprado los billetes y el 1 de septiembre estoy en Salamanca.
¡Hola Sofía!

Sofía Pérez
Avda. de los
Conquistadores
n° 37, 2° izq
37007 Salamanca

6 Basteln Sie Sätze mit einem Element aus jeder Spalte. Manchmal können Sie auch noch ein **ya** oder ein **todavía** einfügen.

esta semana	Begoña y su madre	han ido de rebajas	dos veces
este mes	tú	ha visto	mucho español
este año	vosotras	habéis aprendido	a Alemania
hoy	Pedro	he desayunado	paella, ¿verdad?
esta mañana	los Señores Alonso	no has comido	una corrida de toros
	yo	han viajado	en un bar

Lektion 13

No me encuentro bien

Hoffen wir, dass es Ihnen während Ihres Aufenthaltes in Spanien gut geht und Sie keine ärztliche Hilfe benötigen. Wenn Sie dennoch einen Arzt brauchen, so sollten Sie Folgendes wissen: Die staatliche Krankenversicherung heißt *Seguridad Social*. Von Ärzten der *Seguridad Social* können Sie sich mit einem Auslandskrankenschein Ihrer deutschen Krankenkasse kostenlos behandeln lassen. Im Notfall können Sie einen Notarzt rufen, oder Sie gehen in den *servicio de urgencias* (Notaufnahme) eines Krankenhauses.
Die Apotheken haben im Allgemeinen dieselben Öffnungszeiten wie andere Geschäfte. Es gibt aber immer *farmacias de guardia* (Nachtapotheken). Deren Adressen finden Sie an der Tür oder im Fenster der nächsten Apotheke.

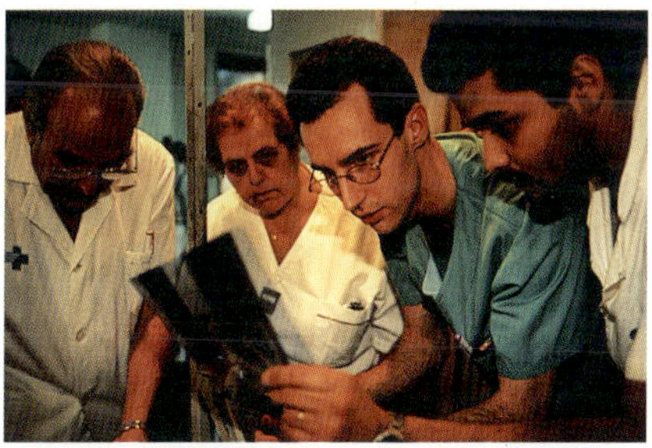

Ana: ¿Qué te pasa?
Juan: No me encuentro bien. Me duele la cabeza y el estómago.
Ana: ¿Tienes fiebre?
Juan: No, no creo.
Ana: A lo mejor has comido algo en mal estado.
Juan: No, debe de ser la resaca: ¡demasiado Rioja!
Ana: ¿Te doy una manzanilla o un té?
Juan: Sí, por favor y después una aspirina.
Ana: Toma.
Juan: Gracias. Ahora voy a ducharme y a acostarme un rato.
Ana: Buena idea.

Dos horas más tarde...

Ana: ¿Estás mejor?
Juan: No. Estoy muy enfermo. Cuando me levanto, me mareo, y he vomitado dos veces.
Ana: Quizás es algo más que una resaca. ¿Voy a la farmacia? Hay una de guardia cerca.
Juan: No, mejor vamos al hospital, al servicio de urgencias. ¡Ay, me encuentro fatal!
Ana: ¿Qué te duele?
Juan: La espalda y el vientre...
Ana: No te preocupes, siéntate, yo llamo a un taxi y enseguida estamos allí.
Juan: Ay, muchas gracias Ana.

Neue Wörter und Ausdrücke

no me encuentro bien	ich fühle mich nicht wohl
encontrarse [2.1]	sich wohlfühlen
¿Qué te pasa?	Was ist mit dir los?
me duele	er, sie, es tut mir weh
doler [2.1]	wehtun
la cabeza	der Kopf
el estómago	der Magen
la fiebre	das Fieber
a lo mejor	vielleicht
en mal estado	schlecht, verdorben
debe de ser	es muss sein
la resaca	der Kater
demasiado, -a	zu viel
el Rioja	der Riojawein
la manzanilla	der Kamillentee
el té	der Tee
la aspirina	das Aspirin
voy a ducharme y a acostarme	ich werde mich duschen und mich hinlegen
ducharse	sich duschen
acostarse [2.1]	sich hinlegen
el rato	die Weile

enfermo, -a	krank
cuando	wenn
me levanto	ich stehe auf
levantarse	aufstehen
me mareo	mir wird schlecht
marearse	schlecht werden
vomitar	sich übergeben
dos veces	zweimal
algo más	*hier:* etwas Schlimmeres
la farmacia	die Apotheke
de guardia	im Dienst
el hospital	das Krankenhaus
el servicio de urgencias	der Notdienst
fatal, -	schrecklich
la espalda	der Rücken
el vientre	der Bauch
no te preocupes	mach dir keine Sorgen
preocuparse	sich Sorgen machen, sich kümmern
siéntate	setz dich
sentarse [2.2]	sich setzen

zu Erklärungen und Übungen

cambiar	sich ändern
el concierto	das Konzert
el oído	das Ohr
la diarrea	der Durchfall
la receta	das Rezept
la muela	der Backenzahn
el grado	der Grad
estoy mareado, -a	mir ist schwindlig
perderse [2.2]	sich verlaufen, sich verfahren
el virus	der Virus
la pastilla	die Tablette
escrito, -a	geschrieben
contra	gegen
el dolor	der Schmerz

Erklärungen

1 Die **Reflexivpronomen** kennen Sie eigentlich schon: Sie haben nämlich – mit Ausnahme der dritten Person – dieselben Formen wie die Personalpronomen.

Singular	Plural
me ducho *ich dusche mich*	nos duchamos *wir duschen uns*
te duchas *du duschst dich*	os ducháis *ihr duscht euch*
se ducha *er/sie/es duscht sich*	se duchan *sie duschen sich*

Wie Sie sehen, stehen die Reflexivpronomen in der Regel vor dem Verb. Im Infinitiv wird das Reflexivpronomen an das Verb gehängt.
Beachten Sie, dass einige Verben im Spanischen reflexiv gebraucht werden, die im Deutschen nicht reflexiv sind - und umgekehrt natürlich!
levantar**se** *aufstehen* marear**se** *schwindlig werden* cambiar ***sich*** *ändern*

2 Eine **Vermutung** können Sie mit **quizás** oder mit **a lo mejor** + Indikativ einleiten:
A lo mejor está abierto. *Vielleicht ist es offen.*
Quizás encontramos todavía entradas para el concierto.
Vielleicht bekommen wir noch Karten für das Konzert.

A lo mejor kommt ursprünglich von **mejor**, dem Komparativ von **bueno**. Die positive Bedeutung von *bestenfalls* hat es aber verloren, sodass **a lo mejor** nun auch Sätze mit negativem Inhalt einleiten kann:
A lo mejor está enfermo. *Vielleicht ist er krank.*

3 Was sagen Sie, **wenn es Ihnen nicht gut geht**?

Me duele... *Mir tut ... weh.*	la cabeza. *der Kopf* el estómago. *der Magen* el vientre. *der Bauch* la espalda. *der Rücken*

Me duelen los oídos. *Mir tun die Ohren weh.*

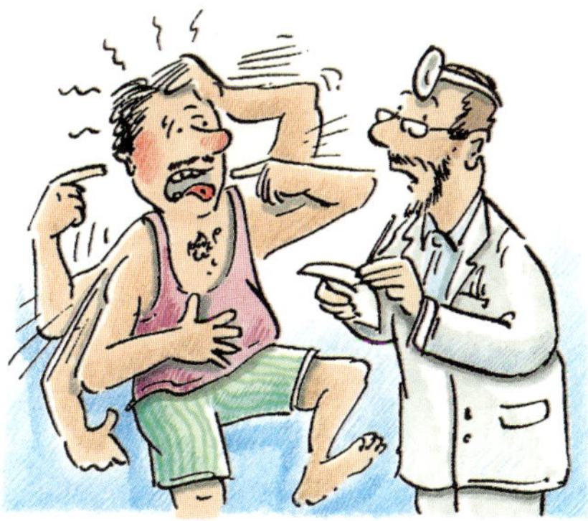

Tengo... *Ich habe ...*	resaca. *einen Kater.* fiebre. *Fieber.* diarrea. *Durchfall.*

Estoy enfermo, -a. *Ich bin krank.*
Estoy fatal. *Mir geht es schlecht.*
Voy a vomitar. *Ich muss mich übergeben.*

Wenn es Ihnen nicht gut geht, wird sich sicherlich jemand um Sie kümmern. Sie hören dann mitfühlende Fragen wie:
¿Cómo estás? *Wie geht's?*
¿Cómo te encuentras? *Wie fühlst du dich?*

Und Ihr Arzt wird Ihnen außerdem noch sagen:
Aquí tiene la receta. *Hier ist Ihr Rezept.*

1 Zeigen Sie die folgenden Körperteile auf der Zeichnung:

espalda cabeza estómago vientre oídos muelas

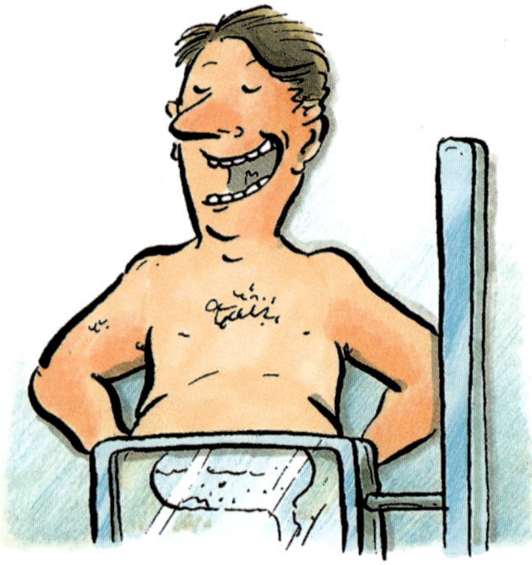

2 Es bereitet Ihnen sicherlich keine Kopfschmerzen, den Dialog mit den folgenden Wörtern zu vervollständigen:

vomitado fiebre pasa tiene quizás receta duele

Doctor: Buenos días. ¿Qué le

.... ?

María: Me .... el estómago.
Doctor: A ver, ¿aquí?
María: Sí, sí doctor.

Doctor: ¿...................... diarrea?

María: No, pero he .... esta mañana.

Doctor: ¿Tiene .... ?
María: Sí, 39 grados.

Doctor: .... ha comido algo en mal estado. Le voy a dar esta

....

3 Erinnern Sie sich noch an den Lektionstext? Dann können Sie bestimmt ein paar Fragen beantworten:

1. ¿Qué le pasa a Juan?
a) Está cansado.
b) Se encuentra mal.
c) Tiene sueño.

2. ¿Qué le duele?
a) La cabeza.
b) Los oídos.
c) Las muelas.

3. ¿Qué hace Ana primero?
a) Hace un té.
b) Llama a un taxi.
c) Da a Juan una aspirina.

4 Wir hoffen, dass es Ihnen in Spanien immer gut geht. Aber im Notfall sollten Sie auch sagen können, was Ihnen fehlt:

1) Es geht mir nicht gut. Ich glaube, ich habe Fieber.
2) Die Ohren tun mir weh und mir ist schwindlig.
3) Ich habe mich heute erbrochen und ich habe noch immer Bauchschmerzen.
4) Es geht mir schlecht. Mir tun der Kopf und der Rücken weh.

5 Fügen Sie das Reflexivpronomen ein, wo es nötig ist:

1) Yo .... ducho por la mañana.
2) ¿.......... encuentra usted mejor?
3) ¿Por qué no .... bebes este té?
4) Nosotros .... acostamos muy tarde.
5) ¿A qué hora .... levantas?
6) Ana .... marea por las mañanas.
7) No .... encuentro la receta para la farmacia.

6 Wenn Sie morgen nicht pünktlich zur Arbeit erscheinen, werden sich Ihre Kollegen sicherlich fragen, warum: Vielleicht sind Sie in einen Stau geraten? Oder Sie sind krank? Oder Sie hatten einfach keine Lust? Verbinden Sie genau so die links beschriebenen Situationen mit den rechts stehenden Vermutungen.

1) Antonio no ha ido al trabajo.
2) Tengo diarrea y he vomitado.
3) Mónica no ha llegado todavía.

A lo mejor está enfermo.
Quizás has comido algo en mal estado.
A lo mejor hay mucho tráfico.
Quizás no sabe qué hora es.
Quizás está de vacaciones.
A lo mejor cree que hoy es domingo.
A lo mejor has bebido demasiado.
Quizás se ha perdido.
Quizás tienes un virus.

7 Pedro erzählt: „Mein kleiner Sohn ist jetzt in einem Alter, wo er mir einfach alles nachmacht. Und wenn es mir nicht gut geht, fühlt er sich auch gleich krank:

1) Me duele el estómago. A Juan le duele el estómago también.

2) Me encuentro mal. Juan ....

3) Cuando me levanto, me mareo. Cuando Juan ....

....

4) Voy a acostarme un rato. Juan ....

5) Me duelen los oídos. A Juan ...."

8 Der Dialog ist etwas durcheinander geraten. Können Sie die Sätze in die richtige Reihenfolge bringen?

- ☐ Sí, estas pastillas, pero necesita una receta.
- ☐ 375 ptas.
- ☐ Buenos días.
- ☐ ¿Grande o pequeño?
- ☐ Entonces voy mañana. ¿Cuánto es?
- ☐ Quisiera un paquete de aspirinas.
- ☐ Adiós, muchas gracias.
- ☐ Sí, tiene que ir al médico y pedir una receta escrita.
- ☐ Buenos días, ¿qué desea?
- ☐ ¿Receta?
- ☐ Grande, y ¿tiene algo contra el dolor de estómago?
- ☐ Aquí tiene. Muchas gracias. Adiós.

Lektion 14

¿Y qué hiciste?

Barcelona ist eine der touristisch interessantesten Städte in Spanien. Wer hätte nicht schon von Barcelonas Hafen, seinem gotischen Viertel, von *Las Ramblas* oder der Basilika *La Sagrada Familia* gehört? Die Stadt hat eine reiche Geschichte, ist modern, dynamisch, unternehmungslustig und voller Kreativität.

Für Kunstbegeisterte stehen Barcelonas zahlreiche Museen an erster Stelle: das *Museu Picasso*, die *Fundació Miró*, die *Fundació Tàpies* und viele andere mehr; wichtig sind auch die Arbeiten des Architekten Gaudí, die in der ganzen Stadt verteilt sind.

Zwei Berge gibt es in der Stadt: Auf dem Montjuïc befindet sich der *Palau Nacional*, der das Museum Katalanischer Kunst beherbergt, das Olympia-Stadion und das für die Weltausstellung gebaute „Spanische Dorf", das einen Querschnitt durch Architektur und Kunsthandwerk ganz Spaniens gibt. Vom zweiten Berg aus, dem Tibidabo, haben Sie einen wunderbaren Ausblick auf die ganze Stadt.

Schöne Restaurants, ein interessantes Kultur- und Nachtleben sind nur einige der vielen anderen Aspekte, die die Attraktivität dieser Stadt ausmachen.

Sie haben sicherlich gemerkt, dass die Namen der genannten Bauwerke und Museen nicht ganz Spanisch klingen. Das liegt daran, dass in Barcelona auch Katalanisch gesprochen wird, das zusammen mit Galicisch, Baskisch und Kastilisch eine der vier Sprachen Spaniens ist. Schilder und Wegweiser sowie Namen von Bauwerken usw. sind deshalb oft in Katalanisch angegeben. Das Kastilische, das wir als „Spanisch" bezeichnen, ist die Nationalsprache ganz Spaniens. Daher muss Ihnen die Vielfalt der Regionalsprachen keine Sorgen bereiten, denn mit Spanisch werden Sie überall verstanden.

¿Y qué hiciste?

Jaime pregunta a su amigo Georg sobre su fin de semana en Barcelona.

Jaime: ¿Qué te pareció Barcelona?
Georg: Creo que es una ciudad muy interesante y muy bonita.
Jaime: ¿Qué hiciste?
Georg: El sábado por la mañana fui a ver el puerto y la playa. Después comí en un restaurante por allí. Por la tarde visité la Fundación Miró y di un paseo por Montjuïc.
Jaime: ¿Y por la noche?
Georg: Por la noche fuimos de copas.
Jaime: ¿Fuimos?
Georg: Sí, llamé a un amigo mío que vive en Barcelona.
Jaime: ¿Qué piensas de la noche en Barcelona?
Georg: Increíble. Bueno, creo que nos acostamos a las cinco de la mañana. Estuvimos de copas y en una discoteca y después...
Jaime: ¿Qué pasó?
Georg: Nos perdimos por las calles del Barrio Gótico.
Jaime: ¡Qué susto!
Georg: Sí, pero al final encontramos la pensión.
Jaime: ¿Y el domingo?
Georg: El domingo visitamos el Parque Güell y dimos un paseo por las Ramblas.
Jaime: ¿Qué es lo que más te gustó?
Georg: Creo que los edificios del Barrio Gótico.
Jaime: A mí también me gustan mucho.
Georg: Es que Barcelona es una ciudad preciosa.
Jaime: Tengo muchas ganas de volver.
Georg: Yo también.

Neue Wörter und Ausdrücke

hiciste *(von hacer)*	du hast gemacht
sobre	über
¿Qué te pareció...?	Wie hat dir ... gefallen?
parecer [2.4]	scheinen
interesante, -	interessant
por la mañana	am Morgen
el sábado por la mañana	am Samstagmorgen
fui *(von ir)*	ich bin gegangen
comí *(von comer)*	ich habe gegessen
por la tarde	am Nachmittag
visité *(von visitar)*	ich habe besichtigt
di un paseo	ich bin spazieren gegangen
dar [1.1] un paseo	spazieren gehen
por la noche	am Abend
fuimos *(von ir)* de copas	wir sind etwas trinken gegangen
ir [1.8] de copas	etwas trinken gehen
llamé *(von llamar)*	ich habe angerufen
¿Qué piensas de...?	Was hältst du von ...?
increíble, -	unglaublich
nos acostamos *(von acostarse)*	wir sind ins Bett gegangen
estuvimos *(von estar)*	wir sind gewesen
la discoteca	die Diskothek
¿Qué pasó?	Was ist passiert?
nos perdimos	wir haben uns verlaufen
perderse [2.2]	sich verlaufen

la calle	die Straße
el barrio	das Stadtviertel
gótico, -a	gotisch
el Barrio Gótico	*die Altstadt von Barcelona*
¡Qué susto!	Oh je!; *wörtl.:* Was für ein Schreck!
al final	zum Schluss
encontramos *(von encontrar)*	wir haben gefunden
visitamos *(von visitar)*	wir haben besichtigt
el parque	der Park
el Parque Güell	der Güell-Park
dimos un paseo	wir sind spazieren gegangen
Las Ramblas	*Flaniermeile in Barcelona*
lo que	das, was
¿Qué es lo que más te gustó?	Was hat dir am besten gefallen?

zu Erklärungen und Übungen

las Olimpiadas	die Olympischen Spiele
tener [1.17] lugar	stattfinden
el mes	der Monat
pensar [2.2] de/sobre	denken von/über
creer [2.3] de/sobre	meinen zu
¿Qué te parece...?	Wie gefällt dir ...?
el siglo	das Jahrhundert
nada	nichts
especial, -	besonders
amable, -	liebenswürdig
el barco	das Boot
el árbol	der Baum
la flor	die Blume
la silla	der Stuhl
la barra	die Theke
la arena	der Sand
sentado, -a	sitzend

Erklärungen

1 Das **pretérito indefinido** (historisches Perfekt) antwortet auf die Frage „Was geschah?". Es bezeichnet:
a) eine einmalige, abgeschlossene Handlung in der Vergangenheit, die keine Verbindung zur Gegenwart hat:
¿Qué pasó? *Was geschah?*
Nos perdimos por el Barrio Gótico.
Wir haben uns im gotischen Viertel verlaufen.

b) eine Handlung, die zu einem ganz bestimmten Zeitpunkt stattgefunden hat:
Las Olimpiadas tuvieron lugar en 1992 en Barcelona.
Die Olympischen Spiele fanden 1992 in Barcelona statt.

Das **indefinido** wird meist mit den folgenden (oder ähnlichen) Zeitangaben verwendet:
ayer *gestern*
el mes pasado *vergangenen Monat*
en el año 1992 *im Jahr 1992*
hace una semana *vor einer Woche*

Von den regelmäßigen Verben der drei Konjugationen wird das **indefinido** folgendermaßen gebildet:

Verben auf

-ar	-er	-ir
visitar	comer	vivir
besuchen	*essen*	*wohnen, leben*
visité	comí	viví
visitaste	comiste	viviste
visitó	comió	vivió
visitamos	comimos	vivimos
visitasteis	comisteis	vivisteis
visitaron	comieron	vivieron

▶ für die unregelmäßigen Verben siehe Verbtabellen

2 So können Sie **jemanden nach seiner Meinung fragen** und **Ihre Meinung äußern**:
¿Qué piensas de/sobre...?
Was denkst du von/über ...?
¿Qué crees de/sobre...?
Was meinst du zu ...?
¿Qué te parece...?
Was hältst du von .../Wie findest du ...?

¿Qué te parece Barcelona?
Wie findest du Barcelona?
Creo/Pienso que tiene unas casas muy bonitas.
Ich meine/denke, dass es sehr schöne Häuser hat.

¿Qué piensas de la cultura española?
Was hältst du von der spanischen Kultur?
Creo que es muy interesante.
Ich glaube, dass sie sehr interessant ist.

3 Um ein **Jahrhundert** zu bezeichnen, verwendet man im Spanischen die Grundzahlen:
en el siglo XX (veinte) *im 20. Jahrhundert*
llegaron en el s. IV a. C. (siglo cuatro antes de Jesucristo)
sie kamen im 4. Jh. v. Chr. an

Achten Sie auf die Präpositionen, wenn Sie ein Datum verwenden. Zwischen dem Tag und dem Monat und zwischen dem Monat und der Jahreszahl steht **de**.
Colón llegó a América el 12 **de** octubre **de** 1492.
Kolumbus landete am 12. Oktober 1492 in Amerika.

Wenn Sie nur die Jahreszahl angeben, verwenden Sie **en**.
Las Olimpiadas tuvieron lugar **en** 1992.
Die Olympischen Spiele fanden 1992 statt.

Übungen

1 Ergänzen Sie die fehlenden Verbformen:

	Yo	tú	él/ella/usted	nosotros,-as	vosotros,-as	ellos/ellas/ustedes
ir		fuiste		fuimos	fuisteis	fueron
comer	comí	comiste	comió			comieron
visitar	visité		visitó		visitasteis	visitaron
estar	estuve	estuviste		estuvimos	estuvisteis	
hacer	hice		hizo	hicimos	hicisteis	
vivir		viviste		vivimos	vivisteis	vivieron

2 Bilden Sie von den in Klammern angegebenen Verben die richtige Form und setzen Sie sie ein:

1) El jueves por la noche .... a una discoteca con unos amigos. (ir)

2) En el restaurante mis padres .... una paella. (comer)

3) ¿Qué .... tú el domingo ? Nada especial. (hacer)

4) Nosotros .... cinco años en Guatemala. (vivir)

5) El verano pasado .... en Mallorca. (estar)

6) Lorenzo .... muchos museos en Madrid. (visitar)

3 Diese Bilder zeigen Ihnen, was wer am Wochenende gemacht hat. Finden Sie zu jedem Bild einen Satz?

1) ....

2) ....

3) ....

4) ....

Übungen

4 Können Sie die folgenden Fragen beantworten? Als kleine Hilfe geben wir Ihnen Stichpunkte an. Hier ein Beispiel: ¿Qué te parece Barcelona? Ciudad precioso - Creo que es una ciudad preciosa.

1) ¿Qué piensas de España? país variado

....

....

2) ¿Qué piensas de los españoles?

amable y abierto ....

....

3) ¿Qué te parece la cultura española?

interesante ....

....

5 In Barcelona war Georg in einem Weinladen; dort hat er Weine aus verschiedenen Jahrgängen gesehen. Können Sie die Jahreszahlen ausschreiben?

1) ....

2) ....

3) ....

4) ....

5) ....

6 Haben Sie Lust auf ein Kreuzworträtsel? Das Lösungswort hat natürlich mit Barcelona zu tun.

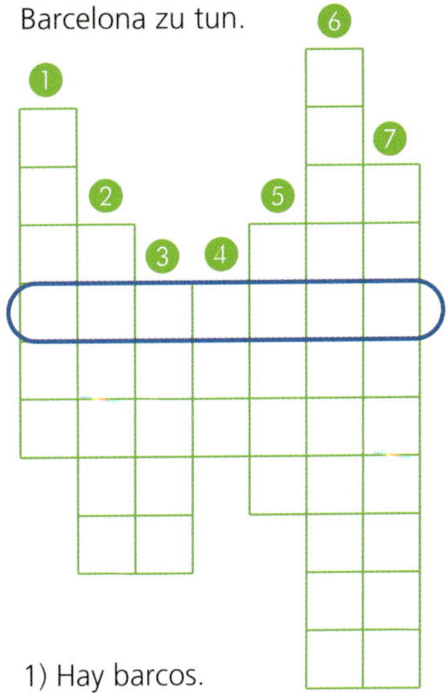

1) Hay barcos.
2) Hay árboles y flores.
3) Hay arte.
4) Hay mesas, sillas y barra.
5) Hay arena y agua.
6) Hay gente sentada y comida.
7) Hay gente que baila.

7 Helfen Sie Georg, sein Tagebuch zu schreiben. Was hat er in Barcelona gemacht?

El sábado por la mañana ....

....

El sábado por la tarde ....

....

El sábado por la noche ....

....

El domingo ....

....

Lektion 15

La ventana de la espera

Kastilien hat seinen Namen von den vielen *castillos*, den zur Verteidigung gegen die Mauren errichteten Kastellen. Eine Reise zu diesen Wehrburgen und zu den Kirchen und Klöstern Kastiliens kann zu einer Reise ins Mittelalter werden, denn durch Kastilien verläuft der *Camino de Santiago* (Jakobsweg), der über die Pyrenäen nach Santiago de Compostela in Galicien führt. Im Mittelalter kamen Pilger aus ganz Europa, um das vermeintliche Grab des Apostels Jakob in Santiago de Compostela zu besuchen. An dem Weg, den sie nahmen, entstanden im romanischen Stil der damaligen Epoche zahlreiche Kirchen und Klöster. Auch heute besuchen Pilger Santiago de Compostela: Alle vier Jahre wird das *Año Santo*, ein heiliges Jahr, gefeiert, und die Pilger legen die Strecke von der französischen Grenze bis nach Santiago de Compostela zu Fuß zurück. Verschiedene Veranstalter sorgen dafür, dass diese Pilgerreise zu einem Erlebnis wird und stellen Gruppen zusammen, für die sie Unterkünfte und Besuche an touristisch bedeutenden Orten organisieren. Eine solche Pilgerreise kann auch ein interessantes Ferienerlebnis sein.

Una pareja de novios está visitando un castillo.

Pilar: ¿Te imaginas cómo vivía esta gente?

Stephan: No, no puedo: sin tecnología, sin electricidad, sin coche...

Pilar: Sí, la vida era muy diferente: No había ni electrodomésticos ni televisión; no viajaban...

Stephan: ¡Eh, mira!, „La ventana de la espera". ¡Qué misterioso!

Pilar: Si quieres, te cuento la historia...

Stephan: ¿De verdad la sabes? ¡Estupendo!, venga, empieza...

Pilar: Sí, pero tienes que estar callado y no interrumpirme hasta el final.

Stephan: Sí, vale.

Pilar: Érase una vez una princesa que se llamaba Elvira. Era muy bella y tenía una voz maravillosa. Vivía en aquella parte del castillo. Un día cuando cantaba en el jardín vio pasar a un caballero en su caballo blanco. Se miraron y se enamoraron. El caballero era un príncipe valiente y honrado y quiso casarse con ella. Los padres aceptaron. Ya estaba preparado todo para la boda: Era una mañana preciosa, el sol lucía, la novia estaba vestida de blanco y llevaba un ramo de margaritas en la mano. Pero el príncipe no apareció. Dos soldados del reino enemigo le asesinaron cuando iba hacia el castillo. La princesa se pasó todo el día asomada a la ventana. Y desde aquel día no volvió a hablar ni a cantar, se pasaba las horas sentada a esa ventana esperando a su amor.

Stephan: ¡Qué romántico! ¿Y por eso la llaman la ventana de la espera?

Pilar: Sí, y se dice que trae mala suerte mirar por ella, sobre todo si te quieres casar. Así que, ¡cuidado!

Neue Wörter und Ausdrücke

la espera	das Warten, die Wartezeit
la pareja	das Paar
la pareja de novios	das (Liebes-)Pärchen
el castillo	das Schloss
imaginarse	sich vorstellen
vivía *(von vivir)*	er, sie, es lebte
la tecnología	die Technologie
la electricidad	die Elektrizität
el coche	der Wagen
la vida	das Leben
era *(von ser)*	er, sie, es war
no... ni... ni	weder ... noch
había *(haber)*	es gab
los electro-domésticos	die Elektrogeräte
la televisión	der Fernseher
viajaban *(von viajar)*	sie reisten
misterioso, -a	geheimnisvoll
si quieres	wenn du willst
contar [2.1]	erzählen
la historia	die Geschichte
de verdad	wirklich
venga	los, komm
empieza	fang an
estar callado, -a	ruhig sein, schweigen
interrumpir	unterbrechen
el final	der Schluss, das Ende
érase una vez	es war einmal
la princesa	die Prinzessin
se llamaba	er, sie, es hieß
llamarse	heißen
bello, -a	schön
tenía *(von tener)*	er, sie, es hatte
la voz	die Stimme
cantaba	er, sie, es sang
cantar	singen
cuando	als
el jardín	der Garten
vio *(von ver)*	er, sie, es sah
el caballero	der Reiter
el caballo	das Pferd
blanco, -a	weiß
se miraron	sie sahen sich an
mirarse	sich ansehen
se enamoraron	sie verliebten sich ineinander
enamorarse	sich verlieben
el príncipe	der Prinz
valiente, -	mutig
honrado, -a	rechtschaffen
quiso *(von querer)*	er, sie, es wollte
casarse con	jmd. heiraten
aceptaron	sie stimmten zu
aceptar	zustimmen, akzeptieren
estaba *(von estar)*	er, sie, es war
preparado, -a	vorbereitet
la boda	die Hochzeit
el sol lucía	die Sonne schien
lucir [2.4]	scheinen
la novia	*hier:* die Verlobte, die Braut
vestido,- a	angezogen
llevaba	er, sie, es trug
llevar	tragen
el ramo	der Strauß
la margarita	die Margarite
la mano	die Hand
apareció	er, sie, es erschien
aparecer [2.4]	erscheinen
el soldado	der Soldat
el reino	das Königreich
enemigo, -a	feindlich
asesinaron	sie ermordeten
asesinar	ermorden
iba *(von ir)*	er, sie, es ging
hacia	zu
pasarse	verbringen
asomado, -a	angelehnt
volver [2.1] a + *Infinitiv*	*hier:* wieder etwas tun
se pasaba	er, sie, es verbrachte

Neue Wörter und Ausdrücke

sentado, -a	sitzend
el amor	die Liebe
romántico, -a	romantisch
traer [1.18] mala suerte	Unglück bringen
mirar	schauen
así que	also
¡Cuidado!	Vorsicht!

zu Erklärungen und Übungen

encontrarse [2.1] con	jmd. begegnen
fumar	rauchen
¡No me digas!	Was du nicht sagst!
horroroso, -a	schrecklich
la flor	die Blume
la vela	die Kerze
la nota	der Zettel
el dragón	der Drache
la prisionera	die Gefangene
la mariposa	der Schmetterling
guardar	aufbewahren
la caja	die Schachtel
matar	töten, erstechen
la espada	das Schwert
escaparse	fliehen

Erklärungen

1 Das **Imperfekt** ist die dritte wichtige Zeit der Vergangenheit. Es hat verschiedene Funktionen:

a) Es beschreibt:
La princesa era bella. *Die Prinzessin war schön.*
La princesa tenía una voz maravillosa. *Die Prinzessin hatte eine wunderschöne Stimme.*

b) Es beschreibt den Hintergrund von Situationen, in denen ein Ereignis eintrat. Dieses Ereignis selbst steht dann im **indefinido**:
Cuando estaba sentada en el jardín, vio pasar a un príncipe.
Als sie im Garten saß, sah sie einen Prinzen vorbeireiten.
Cuando iba hacia el castillo, se encontró con la princesa.
Als er zum Schloss ritt, begegnete er der Prinzessin.

c) Es beschreibt eine Gewohnheit in der Vergangenheit:
Antes fumaba muchísimo.
Früher habe ich sehr viel geraucht.

Die regelmäßigen Verben bilden das Imperfekt folgendermaßen:

Verben auf **-ar**	Verben auf **-er**	Verben auf **-ir**
viajar *reisen*	tener *haben*	vivir *leben*
viajaba	tenía	vivía
viajabas	tenías	vivías
viajaba	tenía	vivía
viajábamos	teníamos	vivíamos
viajabais	teníais	vivíais
viajaban	tenían	vivían

▶ für die unregelmäßigen Verben siehe Verbtabellen

Lektion 15

Erklärungen

2 Welche **Reaktionen auf eine Erzählung** kennen Sie jetzt?
¿De verdad? *Wirklich?*
¡No me digas! *Sag bloß!*
und die Konstruktion **Qué** *wie* + Adjektiv:
¡Qué romántico! *Wie romantisch!*
¡Qué misterioso! *Wie geheimnisvoll!*

Natürlich könnten Sie auch andere **beschreibende Adjektive** verwenden, wie z. B.:

bello,-a *schön*
horroroso,-a *schrecklich*
maravilloso,-a *wunderbar*
feo,-a *hässlich*
valiente, - *tapfer*

3 Wichtig ist auch die **doppelte Verneinung** no... ni... ni *weder ... noch*:
No había ni electrodomésticos ni televisión.
Es gab weder Haushaltsgeräte noch Fernsehen.

Das erste **ni** wird manchmal weggelassen:
Desde aquel día no volvió (ni) a hablar ni a cantar. *Von jenem Tag an sprach und sang sie nie wieder.*

Lektion 15

Übungen

1 Erinnern Sie sich noch an den Lektionstext? Dann können Sie sicher die folgenden Fragen beantworten:

1) ¿Dónde están Pilar y Stephan?
2) ¿Cómo era la princesa?
3) ¿Cuándo vio la princesa pasar al caballero?
4) ¿Quién era el caballero?
5) ¿Qué tenía el día de la boda en la mano la princesa?
6) ¿Por qué no apareció el príncipe?
7) ¿Por qué la llaman „la ventana de la espera“?

2 Ergänzen Sie die Sätze mit den richtigen Imperfekt-Formen der folgenden Verben:

tener estar ser lucir llevar vivir gustar

1) Elvira .... una princesa muy bella que .... una voz maravillosa. .... en un castillo.
2) Fernando .... un príncipe valiente que .... un caballo blanco. Le .... la música.
3) La novia .... vestida de blanco y .... un ramo de margaritas en la mano.
4) La mañana .... preciosa. El sol .... Todo .... preparado.

3 Sehen Sie sich die Zeichnung an und schreiben Sie auf, was die Menschen im Mittelalter nicht hatten oder nicht tun konnten.

1) ....

2) ....

3) ....

4) ....

5) ....

4 Pilar und Juan treffen in dem Schloss auf ein geheimnisvolles Zimmer. Verbinden Sie die Sätze links mit den erstaunten Ausrufen von Pilar und Juan (in der rechten Spalte):

1) Había flores y velas.	a. ¡Qué misterioso!
2) Tenía unos 100 ms².	b. ¡Qué romántico!
3) Todo era de color blanco.	c. ¡Qué bonito!
4) Había una nota sin nombre.	d. ¡Qué grande!

5 Wandeln Sie diese kleine Geschichte in die Vergangenheit um:

Hay una princesa que es muy bella y vive en un castillo. No tiene madre ni padre y un dragón  la tiene prisionera  Un día cuando da un paseo por el jardín, encuentra una mariposa  La princesa la guarda en una caja  Esa noche cuando la princesa duerme, la mariposa sale de la caja. La mariposa es en realidad un príncipe que se quiere casar con la princesa. El príncipe, que es muy valiente, mata con su espada  al dragón  y los dos se escapan .

6 Wenn es gar nichts mehr gibt, wir gar nichts mehr wollen und überhaupt noch nirgends gewesen sind - dann ist die doppelte Verneinung ganz nützlich. Bilden Sie Sätze mit **ni - ni**; wir geben Ihnen ein Beispiel: No me gusta el vino. No me gusta la cerveza. - No me gusta ni el vino ni la cerveza.

1) No hay helado. No hay flan..

2) No he estado en Tenerife. No he estado en Lanzarote...

....

3) Ayer no visitamos el museo. No fuimos a la discoteca. ....

....

4) La casa no es bonita. La casa no es grande. ....

Lektion 16

Die spanische Eisenbahngesellschaft *RENFE* – Abkürzung für *Red Nacional de Ferrocarriles Españoles* (staatliches Netz der spanischen Eisenbahnen) – hat mit die niedrigsten Bahnpreise in ganz Europa; außerdem gibt es eine ganze Reihe von Vergünstigungen. Sie sollten sich erkundigen, welche Möglichkeit die günstigste für Sie ist. Beim Kauf der Fahrkarte müssen Sie angeben, an welchem Tag und mit welchem Zug Sie fahren möchten. Überlegen Sie es sich gut, denn man kann die Fahrkarte nicht zurückgeben, wenn man die Fahrt nicht antritt. Für den *Talgo*, der ungefähr dem deutschen IC entspricht, brauchen Sie außerdem eine Platzreservierung. Das Gleiche gilt für den *AVE*, einen ganz besonders schnellen Zug, der nur zwischen Madrid und Sevilla verkehrt.

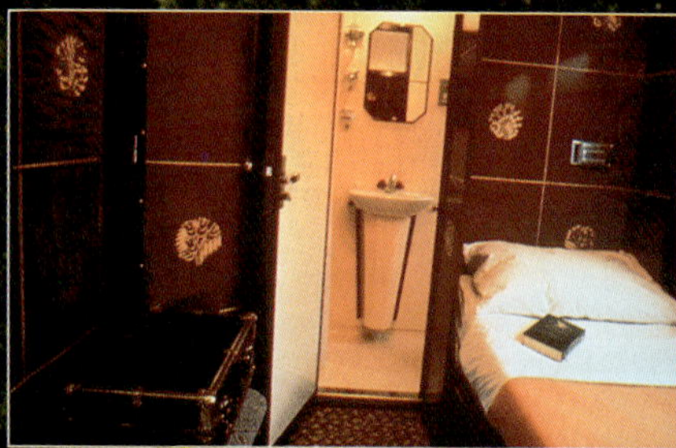

Viaje en tren

Dos amigas quieren pasar unos días en el País Vasco.

Julia: Dos billetes de segunda clase para San Sebastián.
Empleado: ¿Ida y vuelta?
Julia: No, sólo ida. No sabemos cuándo volveremos.
Empleado: ¿Quieren reservar dos literas?
Julia: Sí. Dos de arriba, si es posible.
Empleado: ¿Fumadores o no fumadores?
Julia: No fumadores. El tren es directo, ¿verdad?
Empleado: Sí, no tienen que hacer transbordo.
Julia: ¿A qué hora sale?
Empleado: Dentro de dos horas.
Julia: Y, ¿a qué hora llegaremos?
Empleado: A las seis de la mañana.

...

Julia: ¡Qué lata! El tren saldrá dentro de dos horas. ¿Qué hacemos?
Silvia: Podemos tomar algo, ¿no?
Julia: Sí, y yo quiero escribir estas postales. ¿Dónde habrá un buzón?

Más tarde...

Silvia: Ya serán las once, ¿no?
Julia: Sí, sí. Vamos o llegaremos tarde. ¡Qué sueño!
Silvia: No te preocupes, seguro que dormiremos bien.
Julia: Y si hace buen tiempo..., ¡mañana iremos a la playa!

Lektion 16

Neue Wörter und Ausdrücke

el tren	der Zug
pasar	verbringen
el billete	die Fahrkarte
la clase	die Klasse
de segunda clase	zweiter Klasse
la ida	die Hinfahrt
la vuelta	die Rückfahrt
¿Ida y vuelta?	Hin und zurück?
sólo	nur
reservar	reservieren
la litera	der Liegewagenplatz
de arriba	oben
posible	möglich
el fumador	der Raucher
el no fumador	der Nichtraucher
directo, -a	direkt
el transbordo	das Umsteigen
hacer transbordo	umsteigen
salir [1.14]	abfahren
llegaremos *(von llegar)*	wir werden ankommen
¡Qué lata!	Wie öde!
saldrá *(von salir)*	er, sie, es wird abfahren
escribir	schreiben
la postal	die Postkarte
¿Dónde habrá...? *(von haber)*	Wo wird es wohl ... geben?
el buzón	der Briefkasten
ya serán las once	es wird wohl schon elf Uhr sein
¡Qué sueño!	Was bin ich müde!
seguro que	sicher
dormiremos *(von dormir)*	wir werden schlafen
hace buen tiempo	es ist schönes Wetter
iremos *(von ir)*	wir werden gehen

zu Erklärungen und Übungen

próximo, -a	nächster
quedarse	bleiben
la foto	das Foto
la bicicleta	das Fahrrad
a pie	zu Fuß
aprender	lernen
el asiento	der Sitzplatz
el compartimento	das Abteil
la tormenta	das Gewitter
hay tormenta	es gewittert

Lektion 16

Erklärungen

1 Sicher sind Ihnen im Lektionstext die neuen Verbformen aufgefallen. Es sind die Formen des **Futurs**. Sie setzen sich aus dem Infinitiv des Verbs und den Endungen **-é**, **-ás**, **-á**, **-emos**, **-éis**, **-án** zusammen. Diese Endungen sind für alle drei Konjugationen gleich.

Verben auf **-ar**	Verben auf **-er**	Verben auf **-ir**
llegar *ankommen*	volver *zurückkehren*	escribir *schreiben*
llegaré	volveré	escribiré
llegarás	volverás	escribirás
llegará	volverá	escribirá
llegaremos	volveremos	escribiremos
llegaréis	volveréis	escribiréis
llegarán	volverán	escribirán

▶ für die unregelmäßigen Verben siehe Verbtabellen

Erklärungen

Das **Futur** hat verschiedene Funktionen:

a) Es drückt die Idee von etwas Vagem, in der Zukunft Liegendem aus und bezeichnet daher Ereignisse, über deren Eintreten oder deren Ablauf noch keine Sicherheit besteht.
¿A qué hora llegaremos?
Um wie viel Uhr werden wir ankommen?
No sabemos cuándo volveremos.
Wir wissen nicht, wann wir zurückkommen werden.
Mañana lloverá en el Norte.
Morgen wird es im Norden regnen.

b) Es drückt ein zukünftiges Ereignis oder eine Handlung aus, die einer Bedingung unterliegen:
Si hace buen tiempo, iremos a la playa.
Wenn das Wetter schön ist, werden wir an den Strand gehen.

c) Es drückt eine Vermutung aus:
Serán las once, ¿no?
Es wird wohl elf sein, oder?
¿Tú qué crees? Luis tendrá 45 años, ¿no?
Was denkst du? Luis wird wohl 45 Jahre alt sein, oder?

Das Futur steht oft bei Zeitangaben wie:
la semana que viene *nächste Woche*
el próximo martes *nächsten Dienstag*
hasta el lunes *bis Montag*
dentro de *in*
El tren saldrá dentro de dos horas.
Der Zug wird in zwei Stunden abfahren.

Sie erinnern sich bestimmt an die Möglichkeit, etwas Zukünftiges mit **ir a** + Infinitiv auszudrücken (wenn nicht, schlagen Sie noch einmal in Lektion 11 nach). **Ir a** + Infinitiv sollten Sie wählen, wenn das Ereignis sicher eintritt oder geplant ist.
¿Qué vas a hacer este fin de semana?
Was hast du an diesem Wochenende vor?
Voy a visitar a unos amigos en San Sebastián.
Ich werde Freunde in San Sebastián besuchen.
No sé, iré a casa de mis padres o me quedaré aquí.
Ich weiß nicht, ich werde wohl zu meinen Eltern fahren – oder ich werde hier bleiben.

2 Um eine **Bedingung** auszudrücken, verwenden Sie die Konstruktion **si** + Präsens ..., + Futur:
Si hace buen tiempo, iremos a la playa.
Wenn schönes Wetter ist, gehen wir an den Strand.
Si tienes tiempo mañana, te enseñaré las fotos de Argentina.
Wenn du morgen Zeit hast, zeige ich dir die Fotos von Argentinien.

Wie die Beispiele zeigen, verwendet man im Deutschen in der gesprochenen Sprache bei diesen Bedingungssätzen oft das Präsens; im Spanischen steht meist das Futur.

3 Bei Transportmitteln steht im Spanischen fast immer die Präposition **en**:
en coche *mit dem Auto*
en avión *mit dem Flugzeug*
en tren *mit dem Zug*
en bicicleta *mit dem Fahrrad*

Als Ausnahmen sollten Sie sich merken:
a caballo *zu Pferd*　　a pie *zu Fuß*

Übungen

1 Vervollständigen Sie die Tabelle mit den Verbformen:

	Yo	tú	él/ella/usted	nosotros,-as	vosotros,-as	ellos/ellas/ustedes
ir	iré			iremos		irán
hacer		harás			haréis	harán
salir	saldré		saldrá	saldremos		
haber	habré			habremos	habréis	
saber		sabrás	sabrá		sabréis	
tener		tendrás	tendrá			tendrán

2 Sie wissen zwar, was Sie möchten, aber Sie wissen nicht ob es klappt? Dann ist diese Übung die richtige für Sie. Ein Beispiel: ¿Quiere ir a España? - Sí, pero no sé si iré.

1) - ¿Quieres dormir un poco?

- Sí, pero ....

2) - ¿Quiere volver aquí?

- Sí, pero ....

3) - ¿Quiere llegar hoy a casa?

- Sí, pero ....

4) - ¿Quieres salir esta noche?

- Sí, pero ....

3 Hier herrscht Verwirrung. Können Sie die Sätze des Dialoges wieder in die richtige Reihenfolge bringen?

☐ ¿A qué hora llegaremos?
☐ Sólo ida.
☐ ¿Hay que hacer transbordo?
☐ ¿A qué hora sale?
☐ No fumadores.
☐ Sí, una de arriba, por favor.
☐ Dos billetes para Madrid, por favor.

☐ ¿Fumadores o no fumadores?
☐ No, es directo.
☐ A las siete.
☐ ¿Ida y vuelta?
☐ Dentro de dos horas.
☐ ¿Quiere litera?

4 Wenn ... ja wenn ... Alles hängt von irgendetwas ab, ein Tag am Strand zum Beispiel vom schönen Wetter: Si hace buen tiempo... (ir, playa). - Si hace buen tiempo iremos a la playa.

1) Si haces los ejercicios... (aprender, mejor, español) ....

2) Si tengo vacaciones... (viajar, Asturias) ....

3) Si voy a Madrid... (visitar, Museo del Prado) ....

4) Si es posible... (reservar, dos literas) ....

Übungen

5 Je zwei Wörter gehören zusammen. Welche?

ida fumadores salir segunda clase transbordo ir postal sueño primera clase directo vuelta buzón dormir no fumadores volver llegar

6 Welche Antwort ist richtig?

Julia y Silvia...
1) ... viven en San Sebastián.
2) ... pasan el año en San Sebastián.
3) ... visitan San Sebastián unos días.

1) ... no reservan literas.
2) ... reservan dos literas.
3) ... no pueden reservar literas.

El tren...
1) ... sale por la mañana.
2) ... sale por la tarde.
3) ... sale por la noche.

1) ... ha salido hace dos horas.
2) ... tarda dos horas.
3) ... sale dos horas más tarde.

7 Sehen Sie sich diese Fahrkarte an und schreiben Sie alles auf, was Sie über Juanas Reise erfahren:

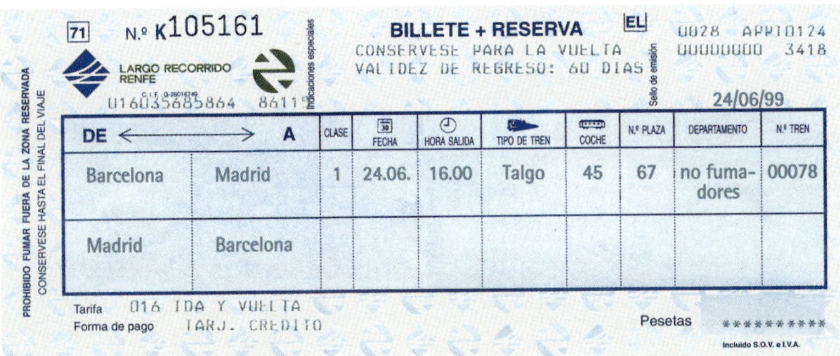
71 N.º K105161
BILLETE + RESERVA EL
CONSERVESE PARA LA VUELTA
VALIDEZ DE REGRESO: 60 DIAS
0028 APP10124
00000000 3418
LARGO RECORRIDO RENFE
U16035685864 86111
Indicaciones especiales
Sello de emisión
24/06/99
PROHIBIDO FUMAR FUERA DE LA ZONA RESERVADA
CONSERVESE HASTA EL FINAL DEL VIAJE

DE	A	CLASE	FECHA	HORA SALIDA	TIPO DE TREN	COCHE	N.º PLAZA	DEPARTAMENTO	N.º TREN
Barcelona	Madrid	1	24.06.	16.00	Talgo	45	67	no fumadores	00078
Madrid	Barcelona								

Tarifa 016 IDA Y VUELTA
Forma de pago TARJ. CREDITO
Pesetas **********
Incluido S.O.V. e I.V.A.

8 Was für ein Wetter haben wir morgen?

Lektion 17

¡A bailar!

Nach dem Abendessen und der *copa* kann man in Spanien immer Tanzen gehen. Natürlich gibt es viele Diskotheken, in denen man zu moderner Musik tanzt, aber in den letzten Jahren sind der Flamenco und lateinamerikanische Rhythmen wie Rumba, Salsa und Merengue wieder in Mode gekommen.

Den Flamenco zu beschreiben ist unmöglich; es gibt viele, sehr unterschiedliche Stilarten. Einige sind klassischer und ernster, wie *siguiriya* und *soleá*, andere sind eher fröhlich und werden stark von lateinamerikanischen Rhythmen beeinflusst, wie die *alegrías* oder die *rumba flamenca*. In den Tanzsälen sieht man sehr häufig die *sevillanas*, einen Paartanz, der vier verschiedene Variationen hat.

Ob Sie nun selber tanzen oder einfach nur zuschauen wollen – Flamenco finden Sie fast überall.

Dos compañeros de clase viajan juntos en autobús.

Ronald: Me quedan sólo dos fines de semana en Sevilla. ¡Ya tengo que volver a casa!

Clara: Entonces, tienes que divertirte.

Ronald: Sí, es verdad. ¿Tú qué harías?

Clara: ¿Yo? Iría un fin de semana a algún pueblo de la Costa de la Luz o al Coto de Doñana, por ejemplo, compraría los últimos regalos para mi familia y... bueno, depende, ¿qué sueles hacer tú los fines de semana?

Ronald: ¿Yo? Ir a las playas de por aquí cerca, visitar alguna exposición, pasear por el Guadalquivir... ¿y tú?

Clara: Hago deporte, voy a bailar...

Ronald: Ah, ¡es verdad! ¿Sigues yendo a esa escuela de baile?

Clara: Sí, ya sabes que me encanta. Acabo de hacer un curso de flamenco y otro de salsa.

Ronald: ¡Qué casualidad!, ¡yo también!

Clara: ¡Estupendo! ¡Podríamos ir a bailar esta noche!

Ronald: No, esta noche no, porque tengo que estudiar.

Clara: ¡Deja de estudiar!, tendrías que empezar a practicar lo que has aprendido.

Ronald: Sí, sería muy divertido, pero me gustaría terminar esos ejercicios de...

Clara: ¡Ni hablar! Acaban de abrir una nueva sala donde hay flamenco y salsa y...

Ronald: ¡Ay, mi parada! Adiós. Te llamo luego por teléfono.

Clara: Sí, adiós.

Neue Wörter und Ausdrücke

bailar	tanzen
¡A bailar!	Zum Tanzen!
el compañero, la compañera	der Kamerad, die Kameradin
el compañero de clase	der Klassenkamerad
juntos, -as	zusammen
el autobús	der Bus
me quedan *(von quedar)*	mir bleiben
quedar	*hier:* bleiben
divertirse [1.3]	sich vergnügen
harías *(von hacer)*	du würdest machen
iría *(von ir)*	ich würde gehen
algún, -a	irgendein
el ejemplo	das Beispiel
compraría *(von comprar)*	ich würde kaufen
último, -a	letzter
¿qué sueles hacer?	was machst du normalerweise?
soler [2.1]	gewohnt sein, zu tun pflegen
las playas de por aquí cerca	die Strände hier in der Nähe
la exposición	die Ausstellung
hacer deporte	Sport treiben
¿sigues yendo?	gehst du noch?
seguir [1.15]	weiterhin etwas tun
la escuela de baile	die Tanzschule
acabo de hacer	ich habe gerade gemacht
acabar de	gerade etwas getan haben
el flamenco	der Flamenco
la salsa	die Salsa
podríamos *(von poder)*	wir könnten
¡Deja de estudiar!	Hör auf zu lernen!
dejar de	aufhören zu
tendrías que *(von tener que)*	du müsstest
lo que has aprendido	das, was du gelernt hast
sería *(von ser)*	er, sie, es wäre
divertido, -a	lustig
me gustaría *(von gustar)*	ich würde gerne
terminar	beenden
el ejercicio	die Übung
¡Ni hablar!	Kommt nicht in Frage!
nuevo, -a	neu
la sala	der Saal
la parada	die Haltestelle
luego	bald

zu Erklärungen und Übungen

deber	sollen, müssen
el quiosco	der Kiosk
la esquina	die Ecke
fumar	rauchen
por las noches	abends
la gimnasia	die Gymnastik
la dieta	die Diät
gordo, -a	dick

Erklärungen

1 Der **Konditional** hat drei Funktionen:

a) Er drückt eine höfliche Bitte oder Frage aus:
Querría un billete para Barcelona.
Ich hätte gerne eine Fahrkarte nach Barcelona.
¿Podría abrir la ventana?
Könnte ich das Fenster öffnen?

b) Er drückt etwas aus, das man sich wünscht, etwas, das möglich, aber (noch) nicht wirklich ist:
Sería estupendo. *Das wäre toll.*
Me gustaría mucho ir a verte.
Ich würde dich gerne besuchen kommen.

c) Er drückt einen Rat oder einen Vorschlag aus:
Tú ¿qué harías?
Was würdest du machen?
No sé, iría un fin de semana a la costa.
Ich weiß nicht, ich würde ein Wochenende an der Küste verbringen.
Podríamos ir a bailar.
Wir könnten tanzen gehen.

Sie bilden den Konditional, indem Sie an den Infinitiv die Endungen **-ía, -ías, -ía, -íamos, -íais, -ían** hängen. Die Endungen sind für alle drei Konjugationen gleich.

Verben auf

-ar	-er	-ir
comprar	volver	escribir
kaufen	*zurückkehren*	*schreiben*
compraría	volvería	escribiría
comprarías	volverías	escribirías
compraría	volvería	escribiría
compraríamos	volveríamos	escribiríamos
compraríais	volveríais	escribiríais
comprarían	volverían	escribirían

▶ für die unregelmäßigen Verben siehe Verbtabellen

2 Wenn Sie **jemandem einen Rat geben**, möchten Sie vielleicht sagen, was Sie an Stelle des Ratsuchenden täten. Dazu verwenden Sie die Konstruktion **yo que tú...** + Konditional.
¿Qué harías? *Was würdest du machen?*
Yo que tú, estudiaría un poco más.
An deiner Stelle würde ich etwas mehr lernen.

Wenn Sie den Ratschlag ein wenig dringender machen möchten, nehmen Sie **deberías** + Infinitiv:
Deberías llamar a un médico.
Du solltest einen Arzt rufen.

3 Über eine **Gewohnheit** berichten Sie mit **soler** + Infinitiv. Diese Konstruktion ersetzt das deutsche *normalerweise*, *gewöhnlich*, bzw. das spanische **normalmente**.
¿Qué sueles hacer los finos de semana ?
Was tust du normalerweise am Wochenende?
(= ¿Qué haces normalmente los fines de semana?)

4 Wenn Sie sagen möchten, dass Sie **etwas weiterhin tun**, verwenden Sie die Konstruktion **seguir** + Gerundium:
¿Sigues haciendo el curso de salsa?
Machst du noch den Salsakurs?

5 Um auszudrücken, dass **etwas gerade passiert ist**, verwenden Sie **acabar de** + Infinitiv:
Acabo de ver a Luis en el quiosco de la esquina.
Ich habe Luis gerade eben am Kiosk an der Ecke getroffen.

Erklärungen

6 Wenn Sie sagen möchten, dass **etwas aufgehört hat** oder dass **jemand mit etwas aufgehört hat**, verwenden Sie **dejar de** + Infinitiv:
He dejado de fumar. *Ich habe aufgehört zu rauchen.*
Ha dejado de llover. *Es hat aufgehört zu regnen.*

Übungen

1 Berichten Sie über Ihre Gewohnheiten – aber bitte mit **soler**, z. B. so:
Normalmente veo la televisión por las noches. **Suelo ver** la televisión por las noches.

1) Normalmente voy al cine los domingos. ....
....
2) Normalmente viajo a Alicante en verano. ....
....
3) Normalmente hago gimnasia en casa.
....
4) Normalmente compro regalos para mi familia cuando estoy de vacaciones.
....
....
....

2 Übersetzen Sie ins Spanische:

1) Du solltest aufhören zu rauchen.
2) Könnten Sie bitte das Fenster schließen?
3) Gehst du immer noch in dieses spanische Restaurant?
4) Mercedes hat gerade angerufen.
5) Hör auf zu lernen, und lass uns tanzen gehen.

3 Wie traurig! Juana erzählt Ihnen, was sie vorhat, und Sie möchten zwar gerne mitmachen, aber Sie können nicht! Es liegt – wie immer – an Zeit oder Geld:
Voy a ir a Méjico en mayo. – Yo también iría pero no tengo dinero.

1) Voy a hacer un curso de alemán este fin de semana. ....
....
2) Voy a aprender a bailar flamenco.
....
....
3) Voy a cenar esta noche a un restaurante. ....
....

4 Was würden Sie in den beschriebenen Situationen sagen?

1) Es ist heiß, und Sie möchten, dass jemand das Fenster öffnet.
....
2) Es zieht, und Sie möchten, dass jemand die Tür schließt.
....
3) Jemand raucht neben Ihnen, und es stört Sie.
....

5 Jetzt dürfen Sie gute Ratschläge geben, und zwar jedem gleich zwei:
A Pedro le duele el estómago.
- Yo que tú, haría dieta.
- Deberías tomar un té.

1) Carmen no sabe dónde ir de vacaciones.

- ....

- ....

2) Rocío está muy gorda.

- ....

- ....

3) Juan no sabe qué regalo comprar para su novia.

- ....

- ....

6 Erinnern Sie sich noch an den Lektionstext? Dann können Sie sicher sagen, welche Aussagen richtig sind:

1. a) Ronald pasa dos fines de semana en Sevilla.
   b) Ronald pasa quince días en Sevilla.
   c) Ronald pasa más de dos semanas en Sevilla.

2. a) Clara quiere ir a bailar.
   b) Clara no puede ir a bailar.
   c) Clara no sabe bailar.

3. a) Clara y Ronald hablan por teléfono.
   b) Clara y Ronald hablan en el autobús.
   c) Clara y Ronald hablan en una sala de baile.

7 Hier sehen Sie Paolo. Er hat im Lotto gespielt und träumt nun von einem Gewinn. Was würde er tun, wenn er genug Geld gewinnen würde?

1) ....

2) ....

3) ....

4) ....

5) ....

8 Hören Sie sich zu dieser Übung die Audio-Kassette an und schreiben Sie das Diktat.

Die spanische Küche ist wegen ihrer reichen Auswahl an frischen Produkten und ihrer regional unterschiedlichen Traditionen besonders vielfältig; so gibt es z.B. Fische und Meeresfrüchte in Galicien, *asados* (Gebratenes) in Zentralspanien und *fritos* (Gebackenes) in Andalusien. Innerhalb Spaniens ist vor allen Dingen das Baskenland für seine gute Küche berühmt. Im ganzen Land gibt es verschiedene *embutidos* (Wurstwaren) und *quesos* (Käse). Wussten Sie übrigens, dass die Mayonnaise ursprünglich aus Mahón, der Hauptstadt von Menorca, kommt? Die Spanier kochen gerne mit dem gesunden *aceite de oliva* (Olivenöl); sie verwenden Knoblauch, Zwiebeln und Petersilie. Im Ausland ist von den spanischen Gerichten vor allem die *paella* bekannt, die neben dem Reis aus den verschiedensten Zutaten bestehen kann: Kaninchen, Schweinefleisch, Gemüse, Meeresfrüchte, Fische ... Paella-Rezepte sind viel diskutiert, und so wundert es auch nicht, dass sie immer wieder in den in Spanien so beliebten Fernseh-Kochkursen vorgestellt werden. Als Aperitiv gibt es einen Wein aus Jerez, einen Sherry, und zum Essen einen Wein aus der Gegend von Rioja, aus Valladolid oder aus Katalonien.

María: ¡Corre!, trae un papel, ya empieza el programa... ¡Callad, por favor!

... Ponga aceite en la paellera. Eche la cebolla bien picada, el ajo, el pimiento y el tomate... Ya tenemos todo frito. Ahora añada poco a poco los demás ingredientes: carne, marisco, pescado, verduras..., a su gusto. Debe freírlo todo bien. Y por último, ¡el arroz! Y ahora viene el momento más importante: el agua; hay que echar un poco más del doble de agua que de arroz. Es decir, si echamos cuatro tazas de arroz, entonces necesitamos diez de agua. Ahora ya hierve, entonces baje el fuego. La paella tiene que hacerse muy lentamente. Ya está el arroz casi en su punto. Lejos del fuego, ponga un trapo por encima y deje reposarlo durante unos minutos. Y ¡a comer! ¡Buen provecho!

María: Parece muy fácil.
Gustavo: Sí, mañana mismo la hacemos.

Al día siguiente en el mercado:

Gustavo: Buenos días, querría pescado para hacer paella.
Vendedora: Lleve rape que es el mejor.
Gustavo: ¿Y marisco?
Vendedora: Yo llevaría calamares, almejas, y también langostinos y mejillones para decorar.
Gustavo: Vale, estupendo.
Vendedora: ¿Cuánto le pongo?
Gustavo: Pues no sé. Es para cuatro...

¡A comer!

En otro puesto.

Vendedora: ¿Qué le pongo?
María: Un kilo de tomates.
Vendedora: ¿Algo más?
María: Sí, medio kilo de zanahorias y un pimiento rojo. ¿Puedo cogerlo yo?
Vendedora: Sí, coja, coja.
María: ¿A cómo están las judías?
Vendedora: A trescientas ochenta.
María: Demasiado caras.
Vendedora: ¿Algo más?
María: No, nada más, gracias. Eso es todo.

Neue Wörter und Ausdrücke

¡A comer!	Zu Tisch!
¡Corre!	Schnell!, *wörtl.:* lauf!
correr	laufen, rennen
trae *(von traer)*	bring
el papel	das Papier
el programa	die Sendung
¡Callad!	Ruhe!, *wörtl.:* seid ruhig!
callar	schweigen, ruhig sein
ponga	geben Sie
poner [1.11]	setzen, stellen, legen
el aceite	das Öl
la paellera	die Paellapfanne
eche	geben Sie hinzu
echar	dazugeben
la cebolla	die Zwiebel
picado, -a	gehackt
bien picado	fein gehackt
el ajo	der Knoblauch
el pimiento	die Paprika
el tomate	die Tomate
frito, -a	gebraten
añada	fügen Sie hinzu
añadir	hinzufügen
poco a poco	langsam
el ingrediente	die Zutat
demás *(unveränderlich)*	übrige(r)
los demás ingredientes	die übrigen Zutaten
la carne	das Fleisch
el marisco	die Meeresfrüchte
el pescado	der Fisch
la verdura	das Gemüse
el gusto	der Geschmack
a su gusto	nach Ihrem Geschmack
freír [1.9]	braten
el arroz	der Reis
importante, -	wichtig
el doble	das Doppelte
un poco más del doble de agua	etwas mehr als doppelt so viel Wasser
es decir	das heißt
decir [1.2]	sagen, sprechen
la taza	die Tasse
hervir [1.3]	kochen
baje	verringern Sie
bajar	*hier:* verringern
el fuego	die Hitze, *wörtl.:* das Feuer
lentamente *(Adverb)*	langsam
estar en su punto	gar sein, *wörtl.:* an seinem Punkt sein
el trapo	das Küchentuch
por encima	darüber
reposar	ruhen
durante	während
¡Buen provecho!	Guten Appetit!
fácil, -	einfach
mañana mismo	gleich morgen
el mercado	der Markt
querría *(von querer)*	ich hätte gern
lleve *(von llevar)*	nehmen Sie
el rape	der Seeteufel
el calamar	der Tintenfisch
la almeja	die Muschel
el langostino	die Languste
el mejillón	die Miesmuschel
decorar	schmücken, *hier:* anrichten
¿Cuánto le pongo?	Wie viel soll ich Ihnen geben?
el puesto	der Stand
un kilo de	ein Kilo von
medio kilo	ein halbes Kilo
la zanahoria	die Karotte
coja	nehmen Sie
coger [3.3]	nehmen
¿A cómo están...?	Wie viel kosten ...?
la judía	die Bohne

Neue Wörter und Ausdrücke

Lektion 18

caro, -a	teuer
nada	nichts

zu Erklärungen und Übungen

pasar	hereinkommen
un cuarto de kilo	ein viertel Kilo
100 gramos	100 Gramm
el paquete	die Packung
la barra	die Stange
la botella	die Flasche
la lata	die Dose
el vaso	das Glas
la cabeza	*hier:* die Knolle
la lechuga	der Kopfsalat
los alimentos	die Lebensmittel

Erklärungen

Lektion 18

1 Den **Imperativ** verwenden Sie, um

a) jemandem etwas zu befehlen:
Corre, trae un papel. *Geh schnell, hol ein Blatt Papier.*

b) Anweisungen zu geben:
Eche la cebolla picada. *Geben Sie die gehackte Zwiebel hinzu.*

c) etwas zu erlauben:
¿Puedo pasar? Sí, pasa, pasa. *Kann ich hereinkommen? Ja, komm herein.*

Wenn Sie jemandem etwas erlauben, verwenden Sie den Imperativ am besten – wie in unserem Beispiel – zweimal hintereinander. Die Aufforderung wird dann abgeschwächt und wirkt höflicher; sie bekommt den Charakter einer Erlaubnis.

Die Formen des Imperativs lauten:

	Verben auf **-ar**	Verben auf **-er**	Verben auf **-ir**
	callar *ruhig sein*	correr *laufen*	escribir *schreiben*
(tú)	calla	corre	escribe
(vosotros)	callad	corred	escribid
(usted)	calle	corra	escriba
(ustedes)	callen	corran	escriban

▶ für die unregelmäßigen Verben siehe Verbtabellen

2 Wenn Sie **Lebensmittel kaufen**, hören Sie einige wichtige Wendungen, die Sie kennen sollten:
- ¿Qué le pongo? *Was darf ich Ihnen geben?*
- Una lechuga y unos tomates. *Einen Kopfsalat und Tomaten.*
- ¿Cuántos? *Wie viele?*
- Medio kilo. *Ein halbes Kilo.*
- ¿Quiere algo más? *Möchten Sie sonst noch etwas?*
- No, nada más, gracias. *Nein, das ist alles, danke.*

Erklärungen

3 Einige **Mengenangaben** sind Ihnen schon aus dem Lektionstext bekannt:

un kilo de... *ein Kilo ...*
medio kilo de... *ein halbes Kilo ...*
un cuarto de kilo de... *250 Gramm ...*
100 gramos de... *100 Gramm ...* (*abgekürzt:* grs.)
un poco de... *ein wenig ...*

un paquete de... *eine Packung ...*
una barra de... *eine Stange ...*
una botella de... *eine Flasche ...*
una lata de... *eine Dose ...*

Beachten Sie, dass bei **medio kilo de...** im Gegensatz zum Deutschen und zu den anderen spanischen Mengenangaben kein Artikel steht!

Übrigens: Brot kauft man in Spanien in Stangen. Also: *ein Brot* **una barra de pan.**

Lektion 18

Übungen

1 Sehen Sie sich noch einmal den Dialog an und machen Sie eine Liste aller Imperative, die Sie finden. Dann stellen Sie sich vor, Sie geben das Rezept für die Paella an Ihre Freundin weiter, die Sie natürlich duzen. Ändern Sie die Imperative entsprechend.
Beispiel: ponga pon

2 Den Imperativ wollen wir noch ein wenig üben. Antworten Sie deshalb zustimmend auf die folgenden Fragen, wie in unserem Beispiel: ¿Puedo coger yo los tomates? - Sí, coja, coja.

1) - ¿Puedo poner aquí mi sombrero?

- ....

2) - ¿Puedo echar la postal aquí?

- ....

3) - ¿Puedo llamar por teléfono?

- ....

4) - ¿Puedo llevar los vasos a la cocina?

- ....

3 In jeder dieser Wortgruppen hat sich ein Eindringling versteckt, ein Wort, das nicht zu den anderen gehört. Können Sie es herausfinden?

1) freír añadir hervir escribir
2) zanahorias tazas pimientos tomates
3) almejas mejillones judías calamares
4) trapo aceite ajo cebolla sal

Übungen

4 Auf dem Markt schwirren so viele Gesprächsfetzen durcheinander, dass man schon mal ganz verwirrt werden kann. Bringen Sie den Dialog in die richtige Reihenfolge:

- ☐ Buenos días.
- ☐ Un kilo de patatas.
- ☐ Sí, unas zanahorias, ¿a cómo están?
- ☐ No, nada más. ¿Cuánto es todo?
- ☐ Muy bien, póngame medio kilo.

- ☐ ¿Algo más?
- ☐ ¿Qué le pongo?
- ☐ A 200 ptas. el kilo.
- ☐ Buenos días.
- ☐ ¿Algo más?

5 Welche Maßeinheit gehört zu welchem Lebensmittel?

un paquete de	una barra de
una botella de	una lata de
una cabeza de	

pan vino tomates
ajo arroz

6 Lauter Fettflecken haben das Rezept unleserlich gemacht. Aber Sie haben sicherlich keine Probleme, den Text zu ergänzen:

Ponga ..... en la paellera. ..... cebolla, ajo, pimiento y tomate. Añada los demás ...... Fría todo. Eche el ...... Añada el ...... Ponga un ..... por encima de la paella. Deje reposar unos .....

7 Eigentlich wollte Gustavo die Einkäufe sortieren: Ein Korb mit Obst und Gemüse, ein Korb mit Fischen und Meeresfrüchten und die restlichen Lebensmittel im dritten Korb. Irgendwie hat er dann aber den Überblick verloren. Packen Sie für ihn um?

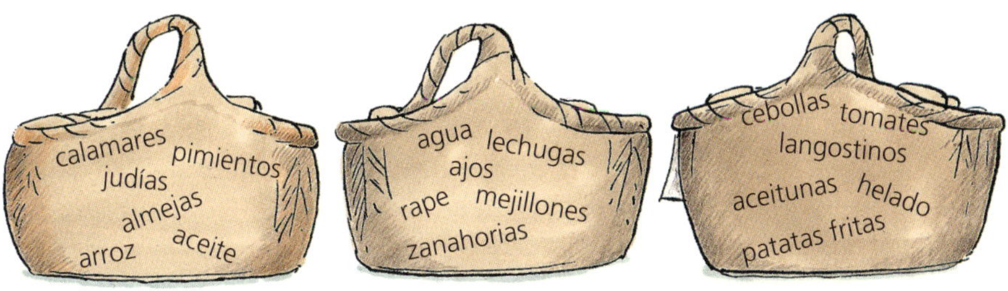

pescado y marisco — verdura — otros alimentos

8 Sie könnten natürlich auch gleich selbst einkaufen gehen. Kaufen Sie, was auf dem Einkaufszettel steht.

aceite
arroz
1 1/2 kg. zanahorias
1/2 kg. judías
2 pan
2 kg. tomates

Lektion 19

¡Hasta pronto!

Der Sommer ist lang in Spanien, die Schulferien dauern beinahe drei Monate. Sofern es eben geht, fahren alle ans Meer. Das Leben spielt sich am Strand ab: tagsüber wird gebadet, Sport getrieben und gespielt. Abends und nachts feiert man am Strand Feste und Partys, bei denen die Spanier auch gerne zur Gitarre singen. Ein schöner Brauch ist es, kleine Stegreif-Verse zu dichten und zu singen; diese *coplas* sind lustig, oft ironisch und ohne literarische oder künstlerische Ansprüche. Sie sind nicht für die Ewigkeit, sondern für einen besonderen Anlass gedichtet. Sehr kreativ sind die Spanier auch in anderen Bereichen: es gibt Lederwaren, Stickereien und vor allem eine lebendige Keramik-Tradition. In vielen Orten gibt es noch Töpfereien, und Keramik-Gegenstände gehören zu den beliebtesten Souvenirs der Spanienreisenden.

Después de un año en España, Andreas se va ahora a viajar tres meses por Latinoamérica. Sus amigos le hacen una fiesta de despedida en la playa.

Marta: ¡Qué pena que te vayas!
Andreas: Sí, yo también lo siento, pero tengo que volver a Alemania antes de ir a Latinoamérica.
José: ¿Vuelves el año que viene?
Andreas: ¡Por supuesto! Es necesario que aprenda más español.
Oscar: Espero que no te olvides de nosotros y que nos escribas.
Andreas: Sí, seguro, y yo quiero que vengáis a visitarme.
Teresa: ¿Todos juntos?
Andreas: Bueno, no me importa que vengáis todos. En casa hay sitio.
Teresa: ¡No hombre!, ¡era una broma!
Marta: Toma, para ti.
Andreas: ¿Qué es?
Marta: Un pequeño regalo, para que tengas un recuerdo nuestro.

Andreas: ¡Unos platos de cerámica!, ¡qué bonitos! Gracias a todos.
José: Queremos decirte algo... ¡Venga chicos! ¡Un, dos, tres!
Todos:

Te vas a Latinoamérica
montado en un gran avión,
nosotros te deseamos suerte
con todo nuestro corazón.

Que tengas un bonito viaje,
que hagas muchos amigos,
que te gusten los países,
pero que vuelvas conmigo.

Andreas: (Riéndose) ¡Muy bonito!, gracias.
Marta: Sí, y ahora con música y ¡a bailar!
Todos: Sí, sí, ¡vamos!

Neue Wörter und Ausdrücke

el mes	der Monat
Latinoamérica	Lateinamerika
hacer [1.7] una fiesta	ein Fest machen
la despedida	der Abschied
que te vayas *(von irse)*	dass du weggehst
irse [1.8]	weggehen
el año que viene	das nächste Jahr, im nächsten Jahr
necesario, -a	notwendig
que aprenda más español	dass ich mehr Spanisch lerne
esperar	hoffen
que no te olvides de nosotros	dass du uns nicht vergisst
olvidarse (de)	(jmd.) vergessen
que nos escribas	dass du uns schreibst

que vengáis *(von venir)*	dass ihr kommt
no me importa	es macht mir nichts aus
hay sitio	es gibt Platz
¡No hombre!	Nein, Mensch!
la broma	der Spaß
¡Era una broma!	Es war nur ein Spaß!
para que tengas *(von tener)*	damit du hast
el recuerdo	das Andenken
el plato	der Teller
la cerámica	die Keramik
¡Venga chicos!	Los, Leute!
montado, -a	eingestiegen
desear	wünschen
la suerte	das Glück
el corazón	das Herz
que hagas *(von hacer)*	du sollst machen
que te gusten *(von gustar)*	dir sollen gefallen
que vuelvas *(von volver)*	du sollst zurückkommen
riéndose	lachend
reírse [1.9]	lachen

zu Erklärungen und Übungen

alegrarse	sich freuen
injusto, -a	ungerecht
aprender	lernen
perfectamente	perfekt *(Adverb)*
regalar	schenken
imposible, -	unmöglich
tomar el sol	sich sonnen
entender [2.2]	verstehen
la tarde	der Nachmittag
la cosa	die Sache, das Ding
despacio	langsam *(Adverb)*
la palabra	das Wort
leer [2.3]	lesen
los cumpleaños	der Geburtstag

Erklärungen

1 Der **subjuntivo** drückt etwas aus, das nicht wirklich ist, z. B. etwas, das man sich wünscht oder sich vorstellt. Er steht (fast immer) in Nebensätzen, z. B. nach der Konjunktion **que**.

Die Formen des **subjuntivo** lauten:

Verben auf **-ar**	Verben auf **-er**	Verben auf **-ir**
visitar *besichtigen*	comer *essen*	escribir *schreiben*
visite	coma	escriba
visites	comas	escribas
visite	coma	escriba
visitemos	comamos	escribamos
visitéis	comáis	escribáis
visiten	coman	escriban

▶ für die unregelmäßigen Verben siehe Verbtabellen

Sie verwenden den **subjuntivo**

a) bei Verben, die Gefühle wie z. B. Freude, Trauer oder Gleichgültigkeit ausdrücken:
¡Qué pena que te vayas! *Wie schade, dass du gehst!*
Me alegro de que estéis aquí. *Ich freue mich, dass ihr hier seid.*
No me importa que vengáis un poco más tarde.
Es macht mir nichts aus, wenn ihr etwas später kommt.

b) um einen Wunsch auszudrücken:
¡Que tengas buen viaje! *Gute Reise!*
Quiero que vengáis a visitarme.
Ich möchte, dass ihr mich besuchen kommt.

c) um eine Hoffnung auszudrücken:
Espero que no te olvides de nosotros.
Ich hoffe, dass du uns nicht vergisst.

d) um einen Zweck auszudrücken:
Toma, un regalo, para que tengas un recuerdo nuestro.
Hier, ein Geschenk, damit du dich an uns erinnerst.

e) nach unpersönlichen Ausdrücken wie:
es necesario *es ist notwendig, man muss*
es importante *es ist wichtig*
es injusto *es ist ungerecht*

Es necesario que aprenda más español.
Ich muss mehr Spanisch lernen. (wörtl.: Es ist notwendig, dass ich mehr Spanisch lerne.)

Übungen

1 Wahr oder falsch?

1) Andreas habla perfectamente español.
2) Los amigos le regalan unos platos de cerámica.
3) Andreas va a Latinoamérica y después a Alemania.
4) Andreas va tres años a Latinoamérica.
5) Andreas vuelve a España después de un año.
6) Andreas quiere que le visiten sólo dos amigos.

2 Ergänzen Sie die fehlenden Verbformen:

	Yo	tú	él/ella/usted	nosotros,-as	vosotros,-as	ellos/ellas/ustedes
estar	esté		esté	estemos		
aprender		aprendas			aprendáis	aprendan
escribir	escriba		escriba			escriban
tener		tengas		tengamos	tengáis	
ir		vayas	vaya		vayáis	
venir	venga			vengamos		vengan

3 Setzen Sie die in Klammern stehenden Verben in der angegebenen Person richtig ein. Sie brauchen dazu den **subjuntivo**. Vorsicht bei den unregelmäßigen Verben!

1) Es necesario que .... más español. (aprender, yo)

2) Es importante que .... a las cuatro. (venir, tú)

3) Es injusto que .... al cine y yo no. (ir, ella)

4) Es imposible que no .... en casa. (estar, ellos)

5) Es bueno que .... los ejercicios. (hacer, vosotros)

4 Verbinden Sie die zusammengehörenden Sätze:

1) Nos vamos de vacaciones.
2) Se van para siempre.
3) Me voy un mes a Ecuador.
4) Sonia está en la fiesta.
5) Lo siento, está un poco roto.

a. ¡Espero que nos escribas!
b. ¡Que tengáis buen viaje!
c. ¡No me importa que esté así!
d. ¡Qué pena que se vayan!
e. ¡Me alegro de que esté!

Übungen

5 Vervollständigen Sie die Sätze mit dem jeweils passenden der folgenden Verben in der richtigen Form:

visitar gustar ir poder comprar llover

1) Mis padres quieren que .... a estudiar a Madrid.
2) Es necesario que me .... zapatos nuevos.
3) Victoria y Juan quieren que sus amigos les .... en su casa nueva.
4) A Belén no le importa que .... No le gusta tomar el sol.
5) Espero que te .... la corrida de toros. Es la primera vez que vas, ¿no?
6) ¿Me deja su pasaporte para que .... rellenar la ficha, por favor?

6 Suchen Sie die spanische Entsprechung der folgenden Wörter in Ihrem Koffer:

Glück Geschenk Abschied Herz Souvenir Teller Spaß

7 Ordnen Sie die folgenden Sätze:

1) que importa todos no vengáis me
2) regalo tengas nuestro pequeño un un recuerdo que para
3) olvides que nosotros no de te espero
4) visitarme yo a que vengáis quiero
5) más necesario que es español aprenda

8 Andreas hat nun schon seine erste Karte geschrieben, und zwar an José. Dieser liest sie allen vor. Wir haben den Text für Sie auf der Audio-Kassette mitgeschnitten. Hören Sie zu und versuchen Sie, die folgenden Fragen zu beantworten:

1) ¿Desde cuándo está Andreas en Perú?

....

....

2) ¿Qué le ha gustado más?

....

3) ¿Por qué tiene problemas para entender el español?

....

....

4) ¿Cuándo va a Ecuador?

....

5) ¿Quién le espera en Quito?

....

....

6) ¿Cuándo quiere Andreas que le visiten sus amigos?

....

....

Lektion 20

Obwohl unser Buch sich auf Spanien konzentriert hat, können und wollen wir Lateinamerika nicht vergessen. Mehr als 300 Millionen Menschen in 19 Ländern auf dem amerikanischen Kontinent sprechen Spanisch – die Hispanoamerikaner, die in den Vereinigten Staaten leben, einmal nicht mitgerechnet.

Das Spanische in diesen Ländern ist so variantenreich, dass wir ihm in einer Lektion unseres Buches nicht einmal annäherungsweise gerecht werden können.

Diese Unterschiede zwischen dem Spanischen der einzelnen Länder einerseits und dem Spanischen, das in Spanien gesprochen wird, andererseits haben verschiedene Ursachen:

Die Spanier, die sich in Lateinamerika angesiedelt haben, kamen aus verschiedenen Gegenden Spaniens und verschiedenen Bevölkerungsschichten und sprachen daher schon ein recht unterschiedliches Spanisch. Ihre Sprache wurde von den noch heute 800 Sprachen der ursprünglichen Bevölkerung Amerikas wie Quechua, Maya usw. beeinflusst. Hinzu kam der Einfluss der Sprachen, den die nach Lateinamerika verschleppten afrikanischen Sklaven aus ihrer Heimat mitbrachten; dieser Einfluss war je nach Stärke und Entwicklung der Sprachen unterschiedlich stark.

In einigen Ländern gab es viele Einwanderer aus Europa, es gingen z. B. viele Italiener nach Argentinien. So beeinflussten in verschiedenen Ländern Lateinamerikas verschiedene Sprachen das schon ursprünglich sehr vielfältige Spanische; es entstanden sehr unterschiedliche Spanisch-Varianten, die sich vor allem im Vokabular unterscheiden. Die Bewohner Lateinamerikas und Spaniens können sich untereinander trotz aller Unterschiede gut verständigen. Doch gibt es immer wieder Missverständnisse in der Unterhaltung, wie der folgende Dialog Ihnen zeigt.

Latinoamérica

Luisa, colombiana, ha quedado con Guadalupe, de Méjico, y con Elena, de España, en una cafetería de Múnich, donde viven, para merendar. Luisa acaba de volver de sus vacaciones en Méjico.

Guadalupe: Bueno, Luisa, cuenta, ¿qué tal la pasaste en Méjico?
Luisa: Muy bien, pero fue poco tiempo para recorrer un país tan grande. ¡Las diferencias de unas regiones a otras son enormes!
Guadalupe: ¿Alquilaron un carro?
Elena: Un ¿qué?
Guadalupe: Un carro, ¡ay claro!, en España le dicen coche, ¿no es cierto? Bueno, Luisa, ¿alquilaron un carro?
Elena: ¿Pero quiénes?
Guadalupe: Pues ellos, Luisa y su amigo.
Luisa: Sí, es que en Latinoamérica no decimos „vosotros“.
Guadalupe: Pero, Luisa, ¿alquilaron ustedes un carro o no?
Luisa: Sí, sí.
Elena: Bueno, chicas, pedimos algo, ¿no?
Luisa: Sí, yo, un tinto.
Elena: ¡Un tinto a estas horas y en una cafetería!
Luisa: Sí, ¿por qué no? Nosotros tomamos tinto con pastel para merendar.
Guadalupe: ¡Ah!, ahora lo entiendo. ¡Al café le llaman tinto!
Luisa: Sí, un tinto, un café, ¡¡¡ es lo mismo!!!

Neue Wörter und Ausdrücke

colombiano, -a	Kolumbianer, -in; kolumbianisch
quedar con...	sich treffen mit ...
la cafetería	das Café
merendar 2.2	Kaffee trinken
¿Qué tal la pasaste en Méjico?	Wie war es in Mexiko? *(lat.-am.)*
el tiempo	die Zeit
recorrer	bereisen
la región	die Region
enorme, -	riesig
alquilar	mieten
el carro	das Auto *(lat.-am.)*
¡Ay, claro!	Ja, natürlich!
le dicen	man nennt es
¿No es cierto?	Nicht wahr?
¿quiénes?	wer?
el tinto	der Rotwein *(Span.)*, der Kaffee *(Kolumb.)*
a estas horas	um diese Uhrzeit
el pastel	der Kuchen
entender 2.2	verstehen
lo entiendo	ich verstehe es
le llaman	man nennt ihn
lo mismo	dasselbe

zu Erklärungen und Übungen

la caza	die Jagd
despedirse 1.9	sich verabschieden
aprender	lernen
¡Hasta siempre!	Leben Sie wohl!
¿cada cuánto?	wie oft?
encontrarse 2.1	sich befinden
nombrar	nennen
el tipo	der Typ, die Art
el mundo	die Welt
la música	die Musik
la lengua	die Sprache
indio, -a	indianisch
famoso, -a	berühmt
la Península Ibérica	die Iberische Halbinsel
cocinar	kochen
el estilo	der Stil
abundar	reich sein an

Lektion 20

Erklärungen

Zwischen dem Spanischen, das in Lateinamerika gesprochen wird, und dem spanischen Spanisch gibt es einige Unterschiede.

1 Aussprache

a) In Lateinamerika werden **c** vor **e** und **i** sowie **z** nicht wie das *th* im Englischen *thank you* gesprochen; stattdessen wird ein **s** gesprochen. So gibt es z. B. keinen Unterschied in der Aussprache von **caza** *Jagd* ['kasa] und **casa** *Haus* ['kasa]. **Cerveza** *Bier* spricht man in Lateinamerika [ser'wesa].

b) Das **s** wird am Ende eines Wortes oder vor Konsonanten teils weggelassen, teils wie ein **h** gesprochen. So hören Sie in Lateinamerika z. B. **gracias** *danke* ['grasia] oder **isla** *Insel* ['ihla].

c) Der Buchstabe **ll** wird vor allen Dingen in Argentinien und Uruguay anders ausgesprochen als in Spanien. So spricht man z. B. **calle** *Straße* in Spanien ['kaje], in Argentinien ['kasche] aus.

Erklärungen

2 Grammatik

a) Das Personalpronomen **vosotros** und die zugehörigen Verbformen werden nicht verwendet; stattdessen verwendet man **ustedes**. Statt **vosotros conocéis** heißt es also in Lateinamerika **ustedes conocen**. Das Gleiche gilt für die entsprechenden Possessivpronomen: Statt **vuestra casa** heißt es **su casa**.

b) In Lateinamerika werden Sie das **indefinido** viel häufiger hören als das **pretérito perfecto**. So sagt man **¿Ya comiste?** statt **¿Ya has comido?** oder **Hoy la vi.** statt **Hoy la he visto.**

3 Vokabular

Über den Wortgebrauch in Lateinamerika kann man kaum etwas allgemein gültiges sagen – was man in dem einen Land sagt, sagt man im anderen wieder nicht. So heißt z. B. *Bus* in Spanien **autobús**, in Cuba, Venezuela und Puerto Rico **guagua**, in Argentinien **colectivo**, in Mexiko **camión**, in Peru **ómnibus** ... **Coger** *nehmen* hat in Argentinien und Mexiko eine obszöne Bedeutung; stattdessen wird **tomar** verwendet.

Übungen

Ésta es nuestra última lección y antes de despedirnos queremos hacerle un test sobre España y Latinoamérica para que vea todo lo que ha aprendido. ¡Mucha suerte! Y ¡Hasta siempre!

1) ¿Cuánto son veinte duros?
2) ¿Cada cuánto es un Año Santo?
3) ¿Cómo se llama el „Krankenversicherung" en España?
4) ¿En qué ciudad se encuentra el Mercado del Rastro?
5) ¿Puede nombrar tres tipos de flamenco?
6) ¿Cuántos millones (con usted ahora) de personas hablan español en Latinoamérica?
7) ¿Cómo se llama la música de las corridas de toros?
8) ¿Dónde llueve mucho en España?
9) ¿Puede nombrar una lengua india?
10) ¿Por qué el nombre de Castilla?
11) ¿De qué parte de España es famoso el marisco?
12) ¿Puede nombrar tres pueblos que vivieron en la Península Ibérica?
13) ¿De dónde a dónde viaja el tren AVE?
14) ¿Con qué tipo de aceite cocinan los españoles?
15) ¿Cómo se da propina en un restaurante en España?
16) ¿Cuántas y cuáles son las lenguas de España?
17) ¿Qué estilo de arte abunda en el camino de Santiago?

Schlüssel

Ein Schrägstrich / steht vor alternativen, ebenfalls möglichen Lösungen. In Klammern stehen Wörter, die für die richtige Lösung nicht unbedingt nötig sind, aber ebenfalls vorkommen können.

Lektion 1

1 1) el 2) las 3) las 4) los 5) la 6) el 7) las 8) la

2 1) una 2) una 3) unos 4) unas 5) unas 6) unas 7) un 8) un

3 *maskulin Singular*: vuelo, mapa, problema; *maskulin Plural*: libros, días, aviones, periódicos; *feminin Singular*: casualidad, mano, revista; *feminin Plural*: islas, semanas, vacaciones

4 1) unas islas 2) las ciudades 3) unos vuelos 4) unos problemas 5) los días 6) las informaciones

5 1) Yo 2) Ella/Usted 3) Ellos/Ellas/Ustedes 4) Tú 5) Nosotros/Nosotras 6) Yo 7) Vosotros/Vosotras 8) Él/Ella/Usted 9) Yo 10) Ustedes

6 1) trabajas, Soy, también 2) eres 3) vas

7 1) c. 2) e. 3) b. 4) a. 5) d.

8 1) Felix fährt/fliegt für drei Wochen nach Teneriffa. 2) Ich bin Deutsche, aus Hamburg. 3) Es sind spanische Zeitschriften. (*wörtl.*: Die Zeitschriften sind spanische.) 4) Fährst du in Urlaub? Ja, drei Wochen. 5) Felix und Luisa fahren/fliegen auf die Kanarischen Inseln. 6) Bist du Journalist/Journalistin? Was für ein Zufall, ich auch. 7) Die Stewardess ist Spanierin. 8) Fahrt ihr in Urlaub? Ja, nach Teneriffa.

9 1) ¿Es (usted) española? 2) ¿Va (usted) de vacaciones? 3) ¿Son (ustedes) periodistas? 4) ¿Van (ustedes) a Tenerife?

10 *waagerecht:* encantada, perdón, por favor; *senkrecht:* claro, sí

11 1) c. 2) e. 3) a. 4) b. 5) d.

Lektion 2

1

	Yo	tú	él/ella/usted	nosotros,-as	vosotros,-as	ellos/ellas/ustedes
abrir	abro	abres	abre	abrimos	abrís	abren
cenar	ceno	cenas	cena	cenamos	cenáis	cenan
hablar	hablo	hablas	habla	hablamos	habláis	hablan
pagar	pago	pagas	paga	pagamos	pagáis	pagan
pedir	pido	pides	pide	pedimos	pedís	piden
comer	como	comes	come	comemos	coméis	comen
poder	puedo	puedes	puede	podemos	podéis	pueden
vivir	vivo	vives	vive	vivimos	vivís	viven
cerrar	cierro	cierras	cierra	cerramos	cerráis	cierran

2 1) c. 2) b. 3) b. 4) a.

3 1) cenan 2) habla 3) cenamos 4) pides 5) puedo 6) vive

4 1) noventa 2) cuatrocientos ocho 3) cuarenta y cinco 4) dos mil setecientos treinta 5) ocho mil seiscientos cuarenta y dos

5 1) Son las dos y cuarto. 2) Son las doce. 3) Son las cinco menos cuarto. 4) Son las dos y diez. 5) Son las seis y veinte. 6) Son las cinco y media. 7) Son las diez menos veinte.

6 *waagerecht*: miércoles; *waagerecht von rechts nach links*: sábado; *senkrecht*: martes, jueves, lunes; *senkrecht von unten nach oben*: domingo, viernes

Lektion 3

1 1) buenas 2) optimista 3) grande 4) libre 5) trabajadora 6) españoles 7) simpáticos 8) alemanes

2 1) grande 2) española 3) mixta 4) alemana 5) buena 6) trabajadora

3 una mesa libre, un camarero simpático, un vino tinto, una comida buena, unas patatas fritas, un café solo, un agua mineral, fruta variada

4 2) Tengo calor. 3) Tengo frío. 4) Tengo sed. 5) Tengo hambre. 6) Tengo tres años.

5 *de comer*: unas aceitunas, un helado, el postre, una ensalada, unas patatas fritas, la especialidad de la casa, un flan; *de beber*: un café, una copa, un vino tinto; *pedir y pagar*: la cuenta, un platito, la carta, la propina

6 1) ¿Hay/Tienen mesas libres? 2) Dos mayores y dos niños. 3) Una paella de marisco. 4) Vino blanco y agua mineral con gas. 5) Dos helados de chocolate y dos flanes. *Natürlich können auch andere Sätze korrekt sein.*

7 1) – Buenos días. – Buenos días, ¿cómo está, Señor Bravo? – Muy bien gracias, ¿y usted? – Bueno, no muy bien. 2) ¡Hola!, ¿qué tal? – ¡Hola! 3) ¡Hola!, ¿Qué tal estás? – Bien, ¿y tú? – Bien, bien.

8 – Buenas tardes. – Buenas tardes. Una mesa para dos.- ¿Qué desean tomar? – ¿Podemos ver la carta? – Sí, aquí está.- Mmmm, una paella de marisco. – ¿ Y de beber? – Vino blanco. – ¿Todo bien? – Sí, la paella muy buena.- ¿Qué desean de postre? – Dos helados de vainilla. – ¿Café? – Sí, dos cafés solos.

Lektion 4

1 1) Esta 2) Ésta (*mit Akzent!*) 3) Estos 4) Aquel 5) Estos 6) Éste (*mit Akzent!*)

2 1) – ¿Hay una pensión por aquí? – Sí, a unos 50 kms. 2) – Oiga perdone, ¿sabe dónde hay una gasolinera? – Sí, tuerza a la izquierda. 3) – ¿Está muy lejos el parador? – No, está a unos tres kms. 4) – ¿Es todavía autovía? – No, ésa es una carretera comarcal. 5) – ¿Dónde está el parador de Monzón? – Siga hasta el cruce y a la derecha.

3 Hay, está, es, Es, hay, son, están, estamos

4 1) Siga todo recto hasta el cruce y allí, gire a la derecha. 2) Gire a la izquierda y está a unos 13 kms. 3) Gire a la derecha. Siga todo recto y entonces gire a la izquierda.

5 1) f. 2) c. 3) e. 4) b. 5) a. 6) d.

6 1) parabrisas 2) edificio 3) viaje 4) empleado

7 1) ésta 2) ese/aquel 3) Estos 4) esta 5) este/ése; aquel 6) Esta 7) Esos/Aquellos

8 *Falsch*: 1), 2), 3); *wahr*: 4), 5)

9 1) está 2) Vive 3) trabajáis, somos 4) cenan 5) abren 6) hablan 7) desean, podemos

Lektion 5

1 *Falsch*: 1), 3), 4), 6); *wahr*: 2), 5)

2 pequeñísima, muchísimo, grandísimo, tardísimo, contentísima

3 Los bombones están ricos. La casa es bonita. La señora está guapísima. Los amigos son alemanes. La cocina es grande. Los señores están contentos. Las vistas son mejores. Los vecinos son simpáticos. El despacho es feo.
Natürlich können auch andere Sätze korrekt sein, aber achten Sie in jedem Fall darauf, wann Sie Formen von **ser** *und wann Formen von* **estar** *verwenden müssen.*

4 1) Es el restaurante más caro que hay en Madrid. 2) Éste es el camarero más simpático del restaurante. 3) Es el mejor vino que tengo. 4) El despacho es la habitación más fea de la casa.

5 1) bombones 2) visita 3) besos 4) tráfico 5) nuestro

6 1) ¡Qué bombones tan ricos! 2) ¡Qué vino tan bueno! 3) ¡Qué señores tan simpáticos! 4) ¡Qué cocina tan grande!

7 1) el marido 2) la mujer 3) el hijo 4) la hermana 5) la madre

8 1) b. 2) e. 3) a. 4) c. 5) d.

9 1) / 2) a 3) / 4) a 5) a 6) /

10 1) Ésta es mi madre, Pilar. 2) Éstos son mis hijos, Lucía y Santi. 3) Éstas son mis amigas de Tenerife, Ana y Lola. 4) Éste es mi hermano, Manuel.

Lektion 6

1 1) Helmut no puede abrir la ventana porque está rota. 2) El hijo de Lena y Helmut vive en España desde hace cinco años. 3) La corrida empieza a las cinco. 4) Lena es alemana y Helmut es austríaco. 5) Roberto y Cristina esperan desde hace cinco minutos.

2 1) ¿Puede hablar más despacio, por favor? 2) Yo tengo que ir a los lavabos. 3) ¿Puedo fumar un cigarrillo en el taxi? 4) Lo siento, pero esta ventana está rota. 5) Usted sabe hablar muy bien español. 6) Tenemos que estar allí antes de las cinco.

3 1) Tengo que estar en el bar a las nueve y media. 2) Sara sabe (hablar) español y alemán. 3) ¿Puede ir más despacio, por favor? 4) Tenemos que estar en la plaza de toros antes de las cinco. 5) ¿Puedo aparcar aquí un momento?

4 1) Mi 2) Nuestro 3) Mi/Su 4) tu 5) vuestras 6) su 7) Nuestro

5 1) desde hace 2) desde 3) Hace … que 4) desde hace 5) Hace … que

6 1) más deprisa 2) la ventana 3) el vino 4) español 5) ir a tu casa 6) dejar propina

7 1) Al restaurante „La Parrilla". 2) A las nueve. 3) Desde hace 20 minutos. 4) Sábado. 5) Porque no puede. 6) 1.500 pesetas.

Der Dialog auf der Audio-Kassette:
Alicia: ¡Taxi!, ¡taxi!
Taxista: Buenas noches.
Alicia: Buenas noches. ¡Al restaurante „La Parrilla"! ¿Sabe dónde está?
Taxista: Sí, claro, está en la calle Lope de Vega. Pero a estas horas hay mucho tráfico... ¿A qué hora tienen que estar allí?
Javier: A las nueve.
Taxista: ¿Hace mucho que esperan un taxi?
Alicia: Sí, desde hace veinte minutos.
Taxista: Es que los sábados por la noche... Más tarde...
Javier: Ah, ya veo el restaurante. ¿Puede parar aquí?
Taxista: Lo siento, pero aquí no puedo. Tengo que ir un poco más lejos...
Javier: ¿Cuánto es?
Taxista: Mil quinientas pesetas.

Javier: Tome y gracias.
Taxista: A ustedes y buenas noches.
Alicia: Adiós.

8 1) c. 2) e. 3) f. 4) g. 5) a. 6) b. 7) d.

Lektion 7

1 1) En la zona atlántica y en el norte. 2) En el centro. 3) En la zona atlántica y en el norte. 4) En Andalucía.

2 1) centro 2) vacaciones 3) contento 4) agosto 5) siesta

3 2) están nevando 3) hace buen tiempo 4) hace frío 5) hace sol

4 1) está hablando con un empleado del hotel 2) están comiendo 3) está bebiendo un coñac 4) está limpiando el parabrisas

5 1) mucho 2) muy 3) muy 4) mucho 5) mucha

6 En la zona atlántica y en el norte está lloviendo. En el centro está haciendo sol/buen tiempo. En la zona mediterránea está nublado y está lloviendo. En el sur está haciendo sol.

7 2) Se bebe coñac en España. 3) Se habla muy deprisa en España. 4) Se llega siempre tarde en España. 5) Se duerme la siesta en España. 6) Se comen muchas aceitunas en España. 7) Se tiene una idea falsa de España.

8 1) En invierno hace más frío que en verano. 2) En el sur hace más calor que en el norte. 3) En el centro no llueve tanto como en el norte. 4) En el sur no hay tantas montañas como en el norte. 5) En la meseta llueve menos que en las montañas. 6) El norte es más verde que el sur.

Lektion 8

1 1) ¿Cómo la quiere? 2) ¿Cómo los quiere? 3) ¿Cómo las quiere? 4) ¿Cómo lo quiere?

2 2) le 3) le 4) le 5) les 6) les 7) le

3 1) Nos 2) ti 3) conmigo 4) me 5) él 6) os

4 1) se la 2) se los 3) se lo 4) se los 5) se las

5 Le, él le, se la, ti, mí, me

6 *Dialog 1*: 1) Unos zapatos. 2) Negros. 3) El 38. 4) De piel. 5) 10.260 pesetas.

Der Dialog 1 auf der Audio-Kassette:
Empleado: Buenas tardes, ¿qué desea?
Cliente: Unos zapatos de piel.
Empleado: ¿De qué color?
Cliente: Negros.
Empleado: Tenemos éstos.
Cliente: ¡Qué bonitos! ¿Qué precio tienen?
Empleado: 10.260 ptas.
Cliente: Son un poco caros pero muy bonitos.
Empleado: ¿Qué número tiene?
Cliente: El 43.
Empleado: Un momento...

Dialog 2: 1) Un bolso. 2) Marrón. 3) Die *Schuhgröße kann man bei einer Handtasche natürlich nicht angeben*. 4) No es de piel. 5) 3.500 pesetas

Der Dialog 2 auf der Audio-Kassette:
Cliente: Buenos días. Quisiera un bolso.
Empleada: ¿De qué color?
Cliente: Marrón.
Empleada: ¿De piel?
Cliente: No, es demasiado caro. ¿Cuánto cuesta éste?
Empleada: 3.500 ptas.
Cliente: Está bien, me lo llevo.

Lektion 9

1 1) En el segundo piso. 2) La 42, pero en vaqueros la 33. 3) Una falda roja, una chaqueta gris y una camiseta de rayas. 4) 12.000 pesetas. 5) De algodón. 6) Con tarjeta.

2 1) ¿Quieres probártela? 2) Estoy pensándolo. 3) Allí, mírala. 4) ¿Se lo envuelvo para regalo? 5) Me la pruebo.

3

	Deutschland	*Österreich*	*Schweiz*
1)	amarillo	amarillo	amarillo
2)	negro, rojo y blanco rojo y amarillo		rojo y blanco
3)	amarillo o rosa y gris	gris	amarillo
4)	verde gris	azul y blanco	

4 1) número setenta y cuatro, sexto, tercera
2) número cincuenta y seis, noveno, segunda
3) número ochenta y cuatro, décimo, cuarta
4) número cuarenta y cinco, quinto, primera

5 1) Estos zapatos de piel le gustan muchísimo (a él). 2) Esta falda roja no me gusta nada. 3) Este jersey verde no le gusta mucho (a ella). 4) Estas camisetas de rayas nos gustan bastante. 5) Estas chaquetas de lana les gustan mucho (a ellos).

6 1) Qué 2) Cuál 3) Qué 4) Quién 5) Quién 6) Cuáles

7 *prenda*: pantalones, jersey, vaqueros, camisetas, chaqueta; *color*: negro, verde, roja, gris; *material*: lana, algodón, seda, piel

8 1) Esta falda te queda bien. 2) ¿Te gustan estos pantalones? 3) ¿Cómo me quedan los vaqueros? 4) ¿Te gusta esta chaqueta?
5) Me gustaría comprarme dos camisetas.
6) Estos zapatos son muy caros.

Lektion 10

1 *Das Anmeldeformular sollten Sie mit Ihren eigenen Daten ausfüllen. So könnte es aussehen: Nombre*: Felix, *Apellidos*: Mayer, *Dirección*: Hauptstr. 84, 80807 München, *Teléfono*: 089/36 10 23 34, *Nacionalidad*: alemán, *Profesión*: periodista

2 habitación, ducha, precio, desayuno, ficha

3 Voy de vacaciones. Estoy en un hotel. Viajo en coche. Vivo en Alicante. Vengo de la playa.

4 1) de 2) con/sin 3) en 4) a 5) de 6) con/sin

5 HABITACIÓN, DESAYUNO, ASCENSOR, RECEPCIÓN

6 1) por 2) para 3) por 4) para 5) para 6) por

7 1) ¿Cuándo es el desayuno? De ocho a diez.
2) ¿Cuándo vas a España? En verano.
3) ¿Cuándo tienes vacaciones? En agosto.
4) ¿Cuándo tienes un curso? Los sábados.
5) ¿Cuándo abre el restaurante? A las ocho.
6) ¿Cuándo vas de compras? Por las mañanas.

8 *Falsch*: 1), 2), 4); *wahr*: 3), 5)

Lektion 11

1 El lunes Rosa va a cenar con Elena y Luis a las ocho de la noche. El martes su madre va a visitarla y Rosa va a/tiene que limpiar la casa.
El miércoles a las diez va a ir de compras con Luisa. El viernes a las nueve de la noche va a ir a un concierto de flamenco. El sábado a las diez de la noche va a una fiesta con Thomas/va a la fiesta de Thomas.
Natürlich können hier auch andere Formulierungen richtig sein.

2 1) Conozco un grupo que está de moda.
2) Es un chico que estudia español. 3) Es una amiga que se llama Aurora.

3 1) mío 2) tu, tuya 3) suyo 4) mi, mía
5) vuestros, vuestros 6) mis, suyas

4 1) – ¿Te/Os apetece salir esta noche? ¿Por qué no vamos al cine? 2) – Lo siento, pero tengo trabajo. 3) – ¿Y mañana por la tarde?
4) – Estupendo. ¿A qué hora quedamos?

5 1) c. 2) e. 3) b. 4) d. 5) a.

6 2), 2), 1), 2), 1)

Der Dialog auf der Audio-Kassette:
Lorenzo: ¿Dígame?
Marta: ¿Está Fernando?
Lorenzo: Sí, un momento, está en la cama.
...
Fernando: ¿Sí?
Marta: Fernando, soy yo, Marta, ¿Todavía en la cama?
Fernando: ¿Qué hora es?
Marta: Las once.
Fernando: ¡Ay!, es que estoy muy cansado.
Marta: Oye, ¿por qué no salimos a comer?
Fernando: Muy bien pero más tarde. Quiero dormir más.
Marta: ¿A las dos y media?
Fernando: Sí, podemos tomar un aperitivo primero.
Marta: ¿Dónde vamos?
Fernando: ¿A la Sepia?
Marta: Muy bien. Allí a las dos.
Fernando: Adiós.

Lektion 12

1 1) tenido 2) hecho 3) visto 4) ido 5) sido 6) estado 7) abierto 8) reservado 9) dado 10) llovido

2 1) Ha pasado por Pamplona. 2) Ha llegado a Valladolid. 3) Ha ido de excursión a Madrid.
4) Ha visto el acueducto romano. 5) Ha visitado el museo de escultura.

3 1) Hace cinco semanas. 2) (Han entrado) por el País Vasco. 3) Un palacio árabe. 4) En Galicia. 5) De la celta.

4 1) Hoy no he leído el periódico todavía./ Hoy ya he leído el periódico. 2) Hoy no he ido al trabajo todavía./Hoy ya he ido al trabajo. 3) Hoy no he practicado deporte todavía./Hoy ya he practicado deporte. 4) Hoy no he estudiado español todavía./Hoy ya he estudiado español. 5) Hoy no he visto todavía la televisión./Hoy ya he visto la televisión.

5 Cáceres, a 16 de agosto de 1996
¡Hola Sofía!

¿Qué tal estás? Yo estoy muy contento. Esta ciudad es preciosa. He visitado Trujillo y Mérida y me han gustado mucho. Ya he comprado los billetes y el 1 de septiembre estoy en Salamanca. Tengo muchas ganas de verte.

Recuerdos a tus padres. Muchos besos.

Oliver

Natürlich können einige Sätze auch in anderer Reihenfolge stehen.

6 *Bei so vielen Elementen gibt es natürlich verschiedene Möglichkeiten, Sätze zusammenzufügen. Zum Beispiel diese*: Este mes Begoña y su madre (ya) han ido de rebajas dos veces. Este mes tú (todavía) no has comido paella, ¿verdad? Este año vosotras habéis aprendido mucho español. Esta semana Pedro ha visto una corrida de toros. Este año los Señores Alonso han viajado a Alemania. Esta mañana yo he desayunado en un bar.

Lektion 13

1 *Diese Körperteile sollten Sie zeigen:* espalda *Schulter*; cabeza *Kopf*; estómago *Magen*; vientre *Bauch*; oídos *Ohren*; muelas *Backenzähne*

2 pasa, duele, tiene, vomitado, fiebre, quizás, receta

3 1) b. 2) a. 3) a.

4 1) No me encuentro bien, creo que tengo fiebre. 2) Me duelen los oídos y me mareo. 3) Hoy he vomitado y me duele todavía el vientre. 4) Me encuentro mal. Me duele la cabeza y la espalda.

5 1) me 2) Se 3) – 4) nos 5) te 6) se 7) -

6 1) A lo mejor está enfermo. Quizás está de vacaciones. A lo mejor cree que hoy es domingo. 2) Quizás has comido algo en mal estado. A lo mejor has bebido demasiado. Quizás tienes un virus. 3) A lo mejor hay mucho tráfico. Quizás no sabe qué hora es. Quizás se ha perdido. *Natürlich können die Sätze unter 1) und 3) auch anders zugeordnet werden. Die Sätze unter 2) hingegen stehen in der 2. Person Singular und können daher nur zu 2) gehören.*

7 2) Juan se encuentra mal también.
3) Cuando Juan se levanta, se marea también.
4) Juan va a acostarse un rato también.
5) A Juan le duelen los oídos también.

8 – Buenos días. – Buenos días, ¿qué desea? – Quisiera un paquete de aspirinas. – ¿Grande o pequeño? – Grande, y, ¿tiene algo contra el dolor de estómago? – Sí, estas pastillas, pero necesita una receta. – ¿Receta? – Sí, tiene que ir al médico y pedir una receta escrita. – Entonces voy mañana. ¿Cuánto es? – 375 pesetas. – Aquí tiene. Muchas gracias. Adiós. – Adiós, muchas gracias.

Lektion 14

1

	Yo	tú	él/ella/usted	nosotros,-as	vosotros,-as	ellos/ellas/ustedes
ir	fui	fuiste	fue	fuimos	fuisteis	fueron
comer	comí	comiste	comió	comimos	comisteis	comieron
visitar	visité	visitaste	visitó	visitamos	visitasteis	visitaron
estar	estuve	estuviste	estuvo	estuvimos	estuvisteis	estuvieron
hacer	hice	hiciste	hizo	hicimos	hicisteis	hicieron
vivir	viví	viviste	vivió	vivimos	vivisteis	vivieron

2 1) fui 2) comieron 3) hiciste 4) vivimos 5) estuve 6) visitó

3 1) Estuvieron en un bar. 2) Fueron al cine. 3) Dio un paseo por la playa. 4) Visitó un museo.

4 1) Creo que es un país muy variado. 2) Creo que son amables y abiertos. 3) Creo que es muy interesante.

5 1) Mil novecientos cincuenta y tres 2) Mil novecientos noventa y seis 3) Mil novecientos ochenta y dos 4) Mil novecientos sesenta y cuatro 5) Mil novecientos setenta

6 1) puerto 2) parque 3) museo 4) bar 5) playa 6) restaurante 7) discoteca
Lösungswort: Ramblas

7 *El sábado por la mañana*: Fue a ver el puerto, fue a la playa, comió en un restaurante. *El sábado por la tarde*: Visitó la Fundación Miró, dio un paseo por Montjuic. *El sábado por la noche*: Fue de copas, fue a una discoteca, se perdió por las calles del Barrio Gótico. *El domingo*: Visitó el Parque Güell y dio un paseo por las Ramblas.

Lektion 15

1 1) Están visitando un castillo. 2) La princesa era muy bella. 3) Le vio cuando cantaba en el jardín. 4) El caballero era un príncipe valiente y honrado. 5) Tenía un ramo de margaritas.
6) No apareció, porque dos soldados del reino enemigo le asesinaron cuando iba hacia el castillo.
7) La llaman „ventana de la espera", porque la princesa esperaba allí a su príncipe.

2 1) era, tenía, Vivía, 2) era, tenía, gustaba 3) estaba, llevaba 4) era, lucía, estaba

3 1) No había televisión. 2) No había coches. 3) No había electrodomésticos. 4) No había teléfono. 5) No había (pantalones) vaqueros.

4 1) b. 2) d. 3) c. 4) a.

5 Había una princesa que era muy bella y vivía en un castillo. No tenía madre ni padre y un dragón la tenía prisionera. Un día cuando daba un paseo por el jardín, encontró una mariposa. La princesa la guardó en una caja. Esa noche cuando la princesa dormía, la mariposa salió de la caja. La mariposa era en realidad un príncipe que se quería casar con la princesa. El príncipe, que era muy valiente, mató con su espada al dragón y los dos se escaparon.

6 1) No hay (ni) helado ni flan. 2) No he estado (ni) en Tenerife ni en Lanzarote. 3) Ayer ni visitamos el museo ni fuimos a la discoteca. 4) La casa no es (ni) bonita ni grande.

Lektion 16

1

	Yo	tú	él/ella/usted	nosotros,-as	vosotros,-as	ellos/ellas/ustedes
ir	iré	irás	irá	iremos	iréis	irán
hacer	haré	harás	hará	haremos	haréis	harán
salir	saldré	saldrás	saldrá	saldremos	saldréis	saldrán
haber	habré	habrás	habrá	habremos	habréis	habrán
saber	sabré	sabrás	sabrá	sabremos	sabréis	sabrán
tener	tendré	tendrás	tendrá	tendremos	tendréis	tendrán

2 1) Sí, pero no sé si dormiré. 2) Sí, pero no sé si volveré. 3) Sí, pero no sé si llegaré. 4) Sí, pero no sé si saldré.

3 – Dos billetes para Madrid, por favor. – ¿Ida y vuelta? – Sólo ida. – ¿Quiere litera? – Sí, una de arriba, por favor. – ¿Fumadores o no fumadores? – No fumadores. – ¿A qué hora sale? – Dentro de dos horas. – ¿Hay que hacer transbordo? – No, es directo. – ¿A qué hora llegaremos? A las siete.
Natürlich könnten einige Fragen auch in anderer Reihenfolge gestellt werden – aber die Antworten sollten immer zu den Fragen passen.

4 1) ... aprenderás mejor español. 2) ... viajaré a Asturias. 3) ... visitaré el Museo del Prado. 4) ... reservaré dos literas.

5 ida – vuelta, fumadores – no fumadores, salir – llegar, primera clase – segunda clase, transbordo – directo, ir – volver, postal – buzón, sueño – dormir

6 3), 2), 3), 3)

7 Juana viajará de Barcelona a Madrid y después volverá a Barcelona. Saldrá el 24 de junio. Irá en un compartimento de no fumadores. Viajará en primera clase. Tendrá el coche 45, asiento 67.

8 En Galicia lloverá. En la zona atlántica estará nublado. En el centro estará nublado. En Andalucía sol y calor, pero nevará en las montañas. En las islas Baleares y Canarias hará sol y calor. En la zona mediterránea hará sol y habrá tormentas.

Lektion 17

1 1) Suelo ir al cine los domingos. 2) Suelo viajar a Alicante en verano. 3) Suelo hacer gimnasia en casa. 4) Suelo comprar regalos para mi familia cuando estoy de vacaciones.

2 1) Deberías dejar de fumar. 2) ¿Podría cerrar la ventana, por favor? 3) ¿Sigues yendo a ese restaurante español? 4) Mercedes acaba de llamar. 5) Deja de estudiar y vamos a bailar.

3 1) Yo también lo haría pero no tengo tiempo. 2) Yo también aprendería pero no tengo dinero. 3) Yo también iría pero no tengo tiempo.

4 1) ¿Podría abrir la ventana, por favor? 2) ¿Podría cerrar la puerta, por favor? 3) ¿Podría dejar de fumar, por favor?

5 1) – Yo que tú iría a las islas Canarias. – Deberías visitar Andalucía. 2) – Yo que tú comería menos. – Deberías hacer una dieta. 3) – Yo que tú le compraría un libro. – Deberías comprarle un bolso.
Natürlich können Sie auch andere Reiseziele oder andere Geschenke vorschlagen ...

6 1. c) 2. a) 3. b)

7 1) Iría/Viajaría de vacaciones a Argentina. 2) Compraría una casa. 3) Dejaría de trabajar. 4) Iría a comer a un restaurante. 5) Pagaría/Regalaría un viaje a sus amigos.

8 Sevilla es una de las ciudades más bonitas de España. Está en el sur, en Andalucía. Son interesantes: el barrio de Santa Cruz, los parques, la catedral y la plaza de toros. Los inviernos son muy templados y en verano siempre hace calor. Creo que todos los turistas deberían visitarla.

Lektion 18

1 ponga – pon, eche – echa, añada – añade, baje – baja, ponga – pon, deje – deja

2 1) Sí, póngalo, póngalo. 2) Sí, échela, échela. 3) Sí, llame, llame. 4) Sí, llévalos, llévalos.

3 1) escribir 2) tazas 3) judías 4) trapo

4 – Buenos días. – Buenos días. – ¿Qué le pongo? – Un kilo de patatas. – ¿Algo más? – Sí, unas zanahorias, ¿a cómo están? – A 200 ptas. el kilo. – Muy bien, póngame medio kilo. – ¿Algo más? – No, nada más. ¿Cuánto es todo?

5 un paquete de arroz, una barra de pan, una botella de vino, una lata de tomates, una cabeza de ajo

6 aceite, Eche/Añada, ingredientes, arroz, agua, trapo, minutos

7 *pescado y marisco*: calamares, almejas, rape, mejillones, langostinos; *verdura*: judías, pimientos, lechugas, zanahorias, tomates; *otros alimentos*: aceite, arroz, ajos, agua, cebollas, patatas fritas, aceitunas, helado

8 Quisiera una botella de aceite. Quisiera un paquete de arroz. Quisiera un kilo y medio de zanahorias. Quisiera medio kilo de judías. Quisiera dos barras de pan. Quisiera dos kilos de tomates.
Statt **quisiera** *können Sie auch* **quiero** *sagen.*

Lektion 19

1 *Falsch*: 1), 3), 4), 6); *wahr*: 2), 5)

2

	Yo	tú	él/ella/usted	nosotros,-as	vosotros,-as	ellos/ellas/ustedes
estar	esté	estés	esté	estemos	estéis	estén
aprender	aprenda	aprendas	aprenda	aprendamos	aprendáis	aprendan
escribir	escriba	escribas	escriba	escribamos	escribáis	escriban
tener	tenga	tengas	tenga	tengamos	tengáis	tengan
ir	vaya	vayas	vaya	vayamos	vayáis	vayan
venir	venga	vengas	venga	vengamos	vengáis	vengan

3 1) aprenda 2) vengas 3) vaya 4) estén 5) hagáis

4 1) b. 2) d. 3) a. 4) e. 5) c.

5 1) vaya 2) compre 3) visiten 4) llueva 5) guste 6) pueda

6 suerte, regalo, despedida, corazón, recuerdo, plato, broma

7 1) No me importa que vengáis todos. 2) Un regalo, para que tengas un pequeño recuerdo nuestro. 3) Espero que no te olvides de nosotros. 4) Yo quiero que vengáis a visitarme. 5) Es necesario que aprenda más español.

8 1) Desde hace tres semanas. 2) La gente. 3) Porque muchas palabras son diferentes. 4) El lunes. 5) Una chica que conoció en Lima. 6) En/Para su cumpleaños.

Der Text auf der Audio-Kassette:
Perú, una tarde de octubre
Queridos amigos:
Hace tres semanas que estoy en Perú. ¡Esto es precioso! He viajado ya mucho y visto cosas interesantes de los Incas y otras culturas. Me encanta el paisaje y los edificios. Pero lo que más me gusta es la gente: son tan simpáticos. Hablan más despacio que en España, pero tengo problemas porque muchas palabras son diferentes.
El lunes voy en avión a Ecuador. Siento dejar este país, pero pienso que Ecuador también será muy bonito. En Quito voy a ver a una chica que conocí hace dos semanas en Lima. ¡Umm, interesante!, ¿no?
¿Qué tal estáis vosotros? ¿Seguís yendo a la playa o ya hace frío? Tengo ganas de veros. He pensado que por qué no venís para mi cumpleaños. Hago 21 y mis padres quieren una gran fiesta para mí. ¡Venga, montad en el coche y venid! Estaré en Alemania en diciembre.
Os escribiré de nuevo desde Ecuador.

Un abrazo muy fuerte,

Andreas

José, ¿puedes leer la carta para todos? Gracias. ¡Hasta pronto!

Lektion 20

1) Cien pesetas. 2) Cada cuatro años. 3) La Seguridad Social. 4) En Madrid. 5) Siguiriya, soleá, alegrías, rumba flamenca, sevillanas. 6) Unos trescientos millones. 7) El pasodoble. 8) En la zona atlántica y en el norte. 9) El quechúa y el maya. 10) Por los castillos. 11) De Galicia. 12) Los íberos, los celtas, los romanos y los árabes. 13) De Madrid a Sevilla. 14) Con aceite de oliva. 15) Se deja en un platito. 16) Son cuatro: El vasco, el catalán, el gallego y el castellano (o español). 17) El románico.

Verben

Hier zeigen wir Ihnen Muster für alle unregelmäßigen Verben, die Sie in diesem Kurs lernen.

1 Die folgenden Verben müssen Sie ganz einfach auswendig lernen – hier gibt es keine einfachen Regeln für die Unregelmäßigkeit.

1. **dar**

Präsens	Imperfekt	indefinido	Futur	Konditional	subjuntivo
doy	daba	di	daré	daría	dé
das	dabas	diste	darás	darías	des
da	daba	dio	dará	daría	dé
damos	dábamos	dimos	daremos	daríamos	demos
dais	dabais	disteis	daréis	daríais	deis
dan	daban	dieron	darán	darían	den

Imperativ: da, dé Partizip: dado Gerundium: dando

2. **decir**

Präsens	Imperfekt	indefinido	Futur	Konditional	subjuntivo
digo	decía	dije	diré	diría	diga
dices	decías	dijiste	dirás	dirías	digas
dice	decía	dijo	dirá	diría	diga
decimos	decíamos	dijimos	diremos	diríamos	digamos
decís	decíais	dijisteis	diréis	diríais	digáis
dicen	decían	dijeron	dirán	dirían	digan

Imperativ: di, diga Partizip: dicho Gerundium: diciendo

3. **divertirse** nach dem gleichen Muster: **hervir**

Präsens	Imperfekt	indefinido	Futur	Konditional	subjuntivo
me divierto	me divertía	me divertí	me divertiré	me divertiría	me divierta
te diviertes	te divertías	te divertiste	te divertirás	te divertirías	te diviertas
se divierte	se divertía	se divirtió	se divertirá	se divertiría	se divierta
nos divertimos	nos divertíamos	nos divertimos	nos divertiremos	nos divertiríamos	nos divirtamos
os divertís	os divertíais	os divertisteis	os divertiréis	os divertiríais	os divirtáis
se divierten	se divertían	se divirtieron	se divertirán	se divertirían	se diviertan

Imperativ: diviértete, diviértase Partizip: divertido Gerundium: divirtiéndose

4. **dormir**

Präsens	Imperfekt	indefinido	Futur	Konditional	subjuntivo
duermo	dormía	dormí	dormiré	dormiría	duerma
duermes	dormías	dormiste	dormirás	dormirías	duermas
duerme	dormía	durmió	dormirá	dormiría	duerma
dormimos	dormíamos	dormimos	dormiremos	dormiríamos	durmamos
dormís	dormíais	dormisteis	dormiréis	dormiríais	durmáis
duermen	dormían	durmieron	dormirán	dormirían	duerman

Imperativ: duerme, duerma Partizip: dormido Gerundium: durmiendo

5. **estar**

Präsens	Imperfekt	indefinido	Futur	Konditional	subjuntivo
estoy	estaba	estuve	estaré	estaría	esté
estás	estabas	estuviste	estarás	estarías	estés
está	estaba	estuvo	estará	estaría	esté
estamos	estábamos	estuvimos	estaremos	estaríamos	estemos
estáis	estabais	estuvisteis	estaréis	estaríais	estéis
están	estaban	estuvieron	estarán	estarían	estén

Imperativ: está, esté   Partizip: estado   Gerundium: estando

6. **haber**

Präsens	Imperfekt	indefinido	Futur	Konditional	subjuntivo
he	había	hube	habré	habría	haya
has	habías	hubiste	habrás	habrías	hayas
ha	había	hubo	habrá	habría	haya
hemos	habíamos	hubimos	habremos	habríamos	hayamos
habéis	habíais	hubisteis	habréis	habríais	hayáis
han	habían	hubieron	habrán	habrían	hayan

Imperativ: he, haya   Partizip: habido   Gerundium: habiendo

7. **hacer**

Präsens	Imperfekt	indefinido	Futur	Konditional	subjuntivo
hago	hacía	hice	haré	haría	haga
haces	hacías	hiciste	harás	harías	hagas
hace	hacía	hizo	hará	haría	haga
hacemos	hacíamos	hicimos	haremos	haríamos	hagamos
hacéis	hacíais	hicisteis	haréis	haríais	hagáis
hacen	hacían	hicieron	harán	harían	hagan

Imperativ: haz, haga   Partizip: hecho   Gerundium: haciendo

8. **ir**   nach dem gleichen Muster: irse

Präsens	Imperfekt	indefinido	Futur	Konditional	subjuntivo
voy	iba	fui	iré	iría	vaya
vas	ibas	fuiste	irás	irías	vayas
va	iba	fue	irá	iría	vaya
vamos	íbamos	fuimos	iremos	iríamos	vayamos
vais	ibais	fuisteis	iréis	iríais	vayáis
van	iban	fueron	irán	irían	vayan

Imperativ: ve, vaya   Partizip: ido   Gerundium: yendo

9. **pedir** nach dem gleichen Muster: **despedirse, freír, reírse**

Präsens	Imperfekt	indefinido	Futur	Konditional	subjuntivo
pido	pedía	pedí	pediré	pediría	pida
pides	pedías	pediste	pedirás	pedirías	pidas
pide	pedía	pidió	pedirá	pediría	pida
pedimos	pedíamos	pedimos	pediremos	pediríamos	pidamos
pedís	pedíais	pedisteis	pediréis	pediríais	pidáis
piden	pedían	pidieron	pedirán	pedirían	pidan

Imperativ: pide, pida Partizip: pedido Gerundium: pidiendo

10. **poder**

Präsens	Imperfekt	indefinido	Futur	Konditional	subjuntivo
puedo	podía	pude	podré	podría	pueda
puedes	podías	pudiste	podrás	podrías	puedas
puede	podía	pudo	podrá	podría	pueda
podemos	podíamos	pudimos	podremos	podríamos	podamos
podéis	podíais	pudisteis	podréis	podríais	podáis
pueden	podían	pudieron	podrán	podrían	puedan

Imperativ: puede, pueda Partizip: podido Gerundium: pudiendo

11. **poner**

Präsens	Imperfekt	indefinido	Futur	Konditional	subjuntivo
pongo	ponía	puse	pondré	pondría	ponga
pones	ponías	pusiste	pondrás	pondrías	pongas
pone	ponía	puso	pondrá	pondría	ponga
ponemos	poníamos	pusimos	pondremos	pondríamos	pongamos
ponéis	poníais	pusisteis	pondréis	pondríais	pongáis
ponen	ponían	pusieron	pondrán	pondrían	pongan

Imperativ: pon, ponga Partizip: puesto Gerundium: poniendo

12. **querer**

Präsens	Imperfekt	indefinido	Futur	Konditional	subjuntivo
quiero	quería	quise	querré	querría	quiera
quieres	querías	quisiste	querrás	querrías	quieras
quiere	quería	quiso	querrá	querría	quiera
queremos	queríamos	quisimos	querremos	querríamos	queramos
queréis	queríais	quisisteis	querréis	querríais	queráis
quieren	querían	quisieron	querrán	querrían	quieran

Imperativ: quiere, quiera Partizip: querido Gerundium: queriendo

13. **saber**

Präsens	Imperfekt	indefinido	Futur	Konditional	subjuntivo
sé	sabía	supe	sabré	sabría	sepa
sabes	sabías	supiste	sabrás	sabrías	sepas
sabe	sabía	supo	sabrá	sabría	sepa
sabemos	sabíamos	supimos	sabremos	sabríamos	sepamos
sabéis	sabíais	supisteis	sabréis	sabríais	sepáis
saben	sabían	supieron	sabrán	sabrían	sepan

Imperativ: sabe, sepa   Partizip: sabido   Gerundium: sabiendo

14. **salir**

Präsens	Imperfekt	indefinido	Futur	Konditional	subjuntivo
salgo	salía	salí	saldré	saldría	salga
sales	salías	salíste	saldrás	saldrías	salgas
sale	salía	salió	saldrá	saldría	salga
salimos	salíamos	salimos	saldremos	saldríamos	salgamos
salís	salíais	salisteis	saldréis	saldríais	salgáis
salen	salían	salieron	saldrán	saldrían	salgan

Imperativ: sal, salga   Partizip: salido   Gerundium: saliendo

15. **seguir**

Präsens	Imperfekt	indefinido	Futur	Konditional	subjuntivo
sigo	seguía	seguí	seguiré	seguiría	siga
sigues	seguías	seguiste	seguirás	seguirías	sigas
sigue	seguía	siguió	seguirá	seguiría	siga
seguimos	seguíamos	seguimos	seguiremos	seguiríamos	sigamos
seguís	seguíais	seguisteis	seguiréis	seguiríais	sigáis
siguen	seguían	siguieron	seguirán	seguirían	sigan

Imperativ: sigue, seguid   Partizip: seguido   Gerundium: siguiendo

16. **ser**

Präsens	Imperfekt	indefinido	Futur	Konditional	subjuntivo
soy	era	fui	seré	sería	sea
eres	eras	fuiste	serás	serías	seas
es	era	fue	será	sería	sea
somos	éramos	fuimos	seremos	seríamos	seamos
sois	erais	fuisteis	seréis	seríais	seáis
son	eran	fueron	serán	serían	sean

Imperativ: sé, sea   Partizip: sido   Gerundium: siendo

17. **tener**

Präsens	Imperfekt	indefinido	Futur	Konditional	subjuntivo
tengo	tenía	tuve	tendré	tendría	tenga
tienes	tenías	tuviste	tendrás	tendrías	tengas
tiene	tenía	tuvo	tendrá	tendría	tenga
tenemos	teníamos	tuvimos	tendremos	tendríamos	tengamos
tenéis	teníais	tuvisteis	tendréis	tendríais	tengáis
tienen	tenían	tuvieron	tendrán	tendrían	tengan

Imperativ: ten, tenga | Partizip: tenido | Gerundium: teniendo

18. **traer**

Präsens	Imperfekt	indefinido	Futur	Konditional	subjuntivo
traigo	traía	traje	traeré	traería	traiga
traes	traías	trajiste	traerás	traerías	traigas
trae	traía	trajo	traerá	traería	traiga
traemos	traíamos	trajimos	traeremos	traeríamos	traigamos
traéis	traíais	trajisteis	traeréis	traeríais	traigáis
traen	traían	trajeron	traerán	traerían	traigan

Imperativ: trae, traiga | Partizip: traído | Gerundium: trayendo

19. **venir**

Präsens	Imperfekt	indefinido	Futur	Konditional	subjuntivo
vengo	venía	vine	vendré	vendría	venga
vienes	venías	viniste	vendrás	vendrías	vengas
viene	venía	vino	vendrá	vendría	venga
venimos	veníamos	vinimos	vendremos	vendríamos	vengamos
venís	veníais	vinisteis	vendréis	vendríais	vengáis
vienen	venían	vinieron	vendrán	vendrían	vengan

Imperativ: ven, venga | Partizip: venido | Gerundium: viniendo

20. **ver**

Präsens	Imperfekt	indefinido	Futur	Konditional	subjuntivo
veo	veía	vi	veré	vería	vea
ves	veías	viste	verás	verías	veas
ve	veía	vio	verá	vería	vea
vemos	veíamos	vimos	veremos	veríamos	veamos
veis	veíais	visteis	veréis	veríais	veáis
ven	veían	vieron	verán	verían	vean

Imperativ: ve, vea | Partizip: visto | Gerundium: viendo

2 Bei den folgenden Verben gibt es Regeln für die Unregelmäßigkeit. Hier geben wir nur die unregelmäßigen Zeiten an:

1. betontes **o** im Stamm wird zu **ue** bei **contar**, **acostarse**, **doler**, **encontrar**, **encontrarse**, **envolver**, **llover**, **soler**, **volver**:

Präsens	subjuntivo
cuento	cuente
cuentas	cuentes
cuenta	cuente
contamos	contemos
contáis	contéis
cuentan	cuenten

Imperativ: cuenta, cuente
Partizip: contado; aber: Partizip zu envolver: envuelto, zu volver: vuelto

Achtung: von **soler** gibt es kein Futur und keinen Imperativ!

2. betontes **e** im Stamm wird zu **ie** bei **pensar**, **cerrar**, **entender**, **merendar**, **perderse**, **sentarse**:

Präsens	subjuntivo
pienso	piense
piensas	pienses
piensa	piense
pensamos	pensemos
pensáis	penséis
piensan	piensen

Imperativ: piensa, piense

3. Bei **creer** und **leer** wird das **i**, wenn es unbetont zwischen zwei Vokalen steht, zu **y**:

Imperfekt	indefinido
creía	creí
creías	creíste
creía	creyó
creíamos	creímos
creíais	creísteis
creían	creyeron

Gerundium: creyendo

4. Bei Verben, die auf **-cer** oder **-cir** enden, wird das **c** vor **a** und **o** zu **zc**. So bei **aparecer**, **apetecer**, **conocer**, **lucir**, **parecer**:

Präsens	subjuntivo
aparezco	aparezca
apareces	aparezcas
aparece	aparezca
aparecemos	aparezcamos
aparecéis	aparezcáis
aparecen	aparezcan

Imperativ: aparece, aparezca

5. Bei **empezar** wird **z** vor **e** zu **c** und gleichzeitig das betonte **e** im Stamm zu **ie**:

Präsens	indefinido	subjuntivo
empiezo	empecé	empiece
empiezas	empezaste	empieces
empieza	empezó	empiece
empezamos	empezamos	empecemos
empezáis	empezasteis	empecéis
empiezan	empezaron	empiecen

Imperativ: empieza, empiece

6. Bei **esquiar** erhält das **i** in den stammbetonten Formen einen Akzent:

Präsens	subjuntivo
esquío	esquíe
esquías	esquíes
esquía	esquíe
esquiamos	esquiemos
esquiáis	esquiéis
esquían	esquíen

Imperativ: esquía, esquíe

Verben

3 Damit der Stamm immer gleich gesprochen wird, müssen sich manche Verben verändern:

1. bei Verben auf **-gar** wird das **g** vor **e** zu **gu**, damit weiterhin **g** gesprochen wird. So bei **pagar** und **llegar**:

indefinido	subjuntivo
pagué	pague
pagaste	pagues
pagó	pague
pagamos	paguemos
pagasteis	paguéis
pagaron	paguen

Imperativ: paga, pague

2. Bei Verben auf **-car** wird das **c** vor **e** in **qu** verwandelt, damit weiterhin **k** gesprochen wird. So bei **buscar**, **practicar**, **tocar**:

indefinido	subjuntivo
busqué	busque
buscaste	busques
buscó	busque
buscamos	busquemos
buscasteis	busquéis
buscaron	busquen

Imperativ: busca, busque

3. Bei Verben auf **-ger** wird das **g** vor **a** und **o** zu **j**, damit weiterhin **ch** gesprochen wird. So bei **coger**:

Präsens	subjuntivo
cojo	coja
coges	cojas
coge	coja
cogemos	cojamos
cogéis	cojáis
cogen	cojan

Imperativ: coge, coja

Bildnachweis

Fotos: H. = Hintergrund; M. = Mitte; li. = links; r. = rechts; o. = oben; u. = unten; v. = von

Alonso: S. 19 (re.), 26 + 27 (H.), 42 (re. u.), 50 + 51 (H.), 56 (li. o.) – Andler: S. 88 + 89 (H.), 118 (re. u.) – Bilderberg, Aurora: S. 47 (o.), 130 (li. M.) – Bilderberg, Bossemeyer: S. 45 – Bilderberg, Drexel: S. 42 (li. 2./3. v. o.), 82 (H.), 83 (re. o.) – Bilderberg, Ernsting: S. 118 (re. M.) – Bilderberg, Grames: S. 76 (li. u.) – Bilderberg, Horacek: S. 83 (li. u.), 134 – Bilderberg, Soriano: S. 47 (u.), 95 (M.) – Bilderberg, v. Alvensleben: S. 124 + 125 (H.) – Bilderberg, Wolf: S. 106 (li. o.) – Bendli: S. 136 (u./3. v. u.), 136 + 137 (H.), 137 (o./2. v. u.) – Dieterich: S. 56 (li. 3. v. o.), 88 (li. o.), 99, 101 (u.), 125 (M.), 131 (re. o.) – Gill: S. 77 (o./M.), 83 (li. o.) – Golder: S: 120 – Iberrail: S. 112 (re. M./u.), 112 + 113 (H.) – Jung: S. 27 (o.), 30, 34 (o.), 88 (re. u./2. v. u.), 94 (H.), 118 (li. u.), 129, 132 (o.), 136 (2. v. u.) – Lindenberg: S. 10 + 11 (H.), 11 (re. M./u.), 56 (re. u.), 56 + 57 (H.), 71 (li./M.), 89 (2. v. o.), 93, 118 + 119 (H.), 130 + 131 (H.) – Meyer: S. 96 (u.) – Miller: S. 3 (H.), 4 (H.), 11 (li. M./li. u./re. o.), 16, 17, 18 + 19 (H.), 19 (li.), 22, 26 (li. o./li. 3. v. o./re.), 27 (M.), 34 (2. v. o.), 42 (re. o./re. M./li. o.), 50, 51 (o./M./u.), 52, 55, 56 (li. 2. v. o./5. v. o.), 57, 62 (re. o.), 62 + 63 (H.), 63 (2. v. o.), 64, 69 (H./li./re. M.), 71 (re.), 72, 83 (re. u.), 85 (o./2. v. o./3. v. o.), 95 (o.), 96 (2. v. u.), 100 (o./2. v. o./3. v. o./4. v. o./u.), 101 (o./2. v. o./3. v. o./4. v. o.), 102, 106 (re. o.), 106 + 107 (H.), 107, 112 (li. M.), 113 (re. u.), 115, 124 (o./u.), 128, 130 (re. o./re. u.), 132 (u.) – Paradores de España: S. 34 + 35 (H.), 35 (re. u.), 38, 40, 76 (re. u.) – Sagenschneider: S. 63 (o.) – Seyl: S. 26 (li. 2. v. o.), 43 (re. u.), 88 (li. 2. v. o.) – Spanisches Fremdenverkehrsamt: S. 75, 76 + 77 (H.), 112 (li. u.) – Uschold: S. 137 (2. v. o./u.), 139 – Widmann: S. 43 (H.), 56 (li. 4. v. o.), 69 (re. o./re. u.), 76 (re. M.), 89 (li. o.), 95 (u.), 110, 119 (li. u./re. u.), 124 (M.), 125 (u./2. v. u.)

Zeichnungen: Falko Honnen, Troisdorf

Wortschatzregister

Die Zahlen hinter den Wörtern geben die Lektion an, in der das betreffende Wort zum ersten Mal vorkommt. Wenn mehrere Zahlen da stehen, kommt das Wort in mehreren Bedeutungen vor. Steht noch ein Ü hinter der Zahl, erscheint das Wort nur in den Vokabeln zu Erklärungen und Übungen.

carta *f* 3
casa *f* 4
casarse con 15
casi 5
castillo *m* 15
catedral *f* 12
caza *f* 20Ü
cebolla *f* 18
celta, - 12
cenar 2
centro *m* 7
cerámica *f* 19
cerca 4, 4Ü
cerrado, -a 4Ü
cerrar [2.2] 2
cerveza *f* 2
chaqueta *f* 9
chico *m* 11Ü
chocolate *m* 3
cigarrillo *m* 6Ü
cine *m* 11
ciudad *f* 12
claro, -a 7
¡claro! 6
clase *f* 16
clásico, -a 8
clima *m* 7
coche *m* 15
cocina *f* 5
cocinar 20Ü
coger [3.3] 18
colombiano, -a 20
color *m* 8
comer 2
comida *f* 3Ü
¿cómo? 1
¿Cómo te llamas? 1
compacto *m* 8Ü
compañera *f* 17
compañero *m* 17
compañero de clase *m* 17
compartimento *m* 16Ü
comprar 8
con 7
con gas 3
concierto *m* 11Ü
conocer [2.4] 5
contacto *m* 1
contar [2.1] 15
contento, -a 5
contra 13Ü
control *m* 4
copa de coñac *f* 3
corazón *m* 19
correr 18
corrida de toros *f/pl* 6
cosa *f* 19Ü
costa *f* 7Ü
creer [2.3] 2
creer [2.3] de/sobre 14Ü
cruce *m* 4
¿cuál? 9Ü
cuando 13
¿cuándo? 2
¿cuánto, -a? 5
cuarto de baño *m* 5Ü
cuarto de kilo *m* 18Ü
cuenta *f* 3
¡Cuidado! 15
cultura *f* 12
cumpleaños *m/pl* 19Ü
curso *m* 12

D

dar [1.1] 5
dar [1.1] un paseo 14
de 3
de… a 10
de arriba 16
de compras 8
¿de dónde? 1Ü
de nuevo 3
de tú 1
de verdad 15
deber 17Ü
decir [1.2] 18
decorar 18
dejar 3, 10
dejar de 17
dejar un recado 11
demás *(unveränderlich)* 18
demasiado, -a 13
dentro de 12
depender de… 7
deporte *m* 12
deprisa 6
desayuno *m* 10
desde 4Ü, 6
desde aquí 12
desde hace 6
desear 3
despacho *m* 5
despacio 6Ü
despedida *f* 19
despedirse [1.9] 20Ü
después 1, 2
después de 2
día *m* 2
diarrea *f* 13Ü
días laborables *m/pl* 2Ü
diciembre 7Ü
dieta *f* 17Ü
diferencia *f* 2
diferente, - 11
¿Diga? 11
¿Dígame? 10
dinero *m* 3
dirección *f* 4, 10Ü
directo, -a 16
directora *f* 12Ü
discoteca *f* 14
divertido, -a 17
divertirse [1.3] 17
doble *m* 18
doble, - 10
doler [2.1] 13
dolor *m* 13Ü
domingo *m* 2
¿dónde? 4
dormir [1.4] 2
dormitorio *m* 5
dos 1
dos veces 13
dragón *m* 15Ü
ducha *f* 10
ducharse 13
durante 18

E

echar 18
edificio *m* 4
efectivamente 10
ejemplo *m* 17
ejercicio *m* 17
electricidad *f* 15
electrodomésticos *m/pl* 15
elegante, - 9
empezar [2.5] 3
empleado *m* 4
en 2, 3
en cambio 7
en general 7
en mal estado 13
enamorarse 15
¡Encantada! 1
encontrar [2.1] 9
encontrarse [2.1] 13, 20Ü
encontrarse [2.1] con 15Ü
enemigo, -a 15
enero 7Ü
enfermo, -a 13
enorme, - 20
ensalada *f* 3
enseguida 8Ü
enseñar 8
entender [2.2] 20
entonces 2
entrada *f* 6
entrar 12
entre 2
enviar 10Ü
envolver [2.1] 8
es decir 18
es que 5
escaparse 15Ü
escribir 16
escrito, -a 13Ü
escuchar 9Ü, 11
escuela de baile *f* 17
escultura *f* 12
espada *f* 15Ü
espalda *f* 13
España *f* 2
español, -a 3Ü
español *m* 2Ü, 6
española *f* 1
especial, - 14Ü
especialidad de la casa *f* 3
espera *f* 15
esperar 6, 19
esquiar [2.6] 7
esquina *f* 17Ü
estar [1.5] 4, 11
estar [1.5] callado, -a 15
estar [1.5] de vacaciones 7
estar [1.5] en su punto 18
estatal, - 4
este *m* 7Ü
estilo *m* 20Ü
estimado, -a 12Ü

estómago *m* 13
estoy mareado, -a 13Ü
estudiar 11
estupendo, -a 8
etiqueta *f* 9
exposición *f* 17
extranjero *m* 6
extremo, -a 7

F

fácil, - 18
falda *f* 9
falso, -a 7
familia *f* 3
famoso, -a 20Ü
farmacia *f* 13
fatal, - 9Ü, 13
febrero 7Ü
fenomenal, - 9
feo, -a 5
festival *m* 11
ficha *f* 10
fiebre *f* 13
fiesta *f* 11Ü
fin de semana *m* 2
final *m* 15
firmar 9
flamenco *m* 17
flan *m* 3
flor *f* 14Ü
foto *f* 1Ü
freír [1.9] 18
frío *m* 7
frito, -a 18
fruta *f* 3
fruta variada *f* 3
fuego *m* 18
fumador *m* 16
fumar 6Ü

G

gasolina *f* 4
gasolinera *f* 4
genial, - 3Ü
gente *f* 9
gimnasia *f* 17Ü
gordo, -a 17Ü
gótico, -a 14
gracias 3
grado *m* 13Ü
grande, - 5
grandes almacenes *f/pl* 9
gris, - 9
grupo *m* 11
guapo, -a 5
guapísima 5
guardar 15Ü
guía *f* 9Ü
gustar 8
gusto *m* 18

H

habitación *f* 5
haber [1.6] 12
hablar 2
hace buen tiempo 16
hace calor 7
hace frío 7
hace mucha falta 7
¿hace mucho que…? 6
hace sol 7Ü
hace… que 12
hacer [1.7] 6
hacer [1.7] deporte 17
hacer [1.7] la reserva 10
hacer [1.7] transbordo 16
hacer [1.7] una fiesta 19
hacia 15
hasta 2
hasta luego 10
hasta mediodía 2
hasta pronto 3
hay 4
hay que 6Ü
hay sitio 19
hay tormenta 16Ü
helado *m* 3
hermana *f* 5Ü
hermano *m* 5Ü
hervir [1.3] 18
hija *f* 5Ü
hijo *m* 5Ü
historia *f* 15
¡Hola! 4
hombre *m* 3Ü
honrado, -a 15
hora *f* 2
horarios *m/pl* 2
horroroso, -a 15Ü
hospital *m* 13
hotel *m* 4
hoy 7

I

ida *f* 16
¿Ida y vuelta? 16
idea *f* 7
iglesia *f* 12
igualmente 1
imaginarse 15
importante, - 18
imposible, - 19Ü
incluido, -a 10
increíble, - 14
indio, -a 20Ü
individual, - 10
influencia *f* 12
información *f* 1Ü
ingrediente *m* 18
injusto, -a 19Ü
interesante, - 14
interrumpir 15
invierno *m* 7
ir [1.8] 2
ir [1.8] a los toros 6
ir [1.8] de copas 14
ir [1.8] de excursión 12
ir [1.8] de vacaciones 1
irse [1.8] 19
isla *f* 7

J

jardín *m* 15
jazz *m* 11
jersey *m* 9
joven, - 9
judía *f* 18
judío, -a 12
jueves *m* 2
julio 7Ü
junio 7Ü
juntos, -as 17

K

kilo *m* 18
kilómetro *m* 4

L

lana *f* 9
langostino *m* 18
lata *f* 18Ü
Latinoamérica *f* 19
lavabos *m/pl* 6
lección *f* 9Ü
lechuga *f* 18Ü
leer [2.3] 12Ü
lejos 4Ü
lengua *f* 20Ü
lentamente *(Adv.)* 18
levantarse 13
libre, - 3
libro *m* 8Ü
limpiar 4
limpieza *f* 4
litera *f* 16
llamar 11, 20
llamar (por teléfono) 11
llamarse 15
llave *f* 10
llegar [3.1] 5
lleno, -a 4
llevar 8, 15, 18
llover [2.1] 7
lluvia *f* 7
lo mismo 20
lo que 14
lo siento 6
lucir [2.4] 15
luego 17
lunes *m* 2Ü

M

madre *f* 5
malo, -a 5Ü
mañana 10
mañana mismo 18
mano *f* 15
manzanilla *f* 13
mapa *m* 1Ü
mar *m* 9Ü
maravilloso, -a 12
marearse 13
margarita *f* 15
marido *m* 6
mariposa *f* 15Ü
marisco *m* 18
marrón, - 8Ü
martes *m* 2Ü
marzo 7Ü
más 5
matar 15Ü
material *m* 8Ü
mayo 7Ü
mayor, - 5Ü
mayores *m/pl* 3
me encanta 9Ü
me encantaría 5
me gustaría 12
medio, -a 11Ü
medio kilo *m* 18
mediterráneo, -a 7

Wortschatzregister